金融学论丛

科技型中小企业融资信用体系研究

STUDY ON THE FINANCING CREDIT SYSTEM OF SMALL AND MEDIUM-SIZED SCIENCE AND TECHNOLOGY'S ENTERPRISES

郁俊莉 ◎ 著

北京大学出版社
PEKING UNIVERSITY PRESS

图书在版编目(CIP)数据

科技型中小企业融资信用体系研究/郁俊莉著.—北京:北京大学出版社,2014.6
(金融学论丛)
ISBN 978-7-301-22019-1

Ⅰ.①科⋯ Ⅱ.①郁⋯ Ⅲ.①高技术企业-中小企业-企业融资-企业信用-研究-中国 Ⅳ.①F279.244.4②F832.4

中国版本图书馆 CIP 数据核字(2014)第 055945 号

书　　　名	科技型中小企业融资信用体系研究
著作责任者	郁俊莉　著
责 任 编 辑	周　玮
标 准 书 号	ISBN 978-7-301-22019-1/F·3898
出 版 发 行	北京大学出版社
地　　　址	北京市海淀区成府路 205 号　100871
网　　　址	http://www.pup.cn
电 子 信 箱	em@pup.cn　　QQ:552063295
新 浪 微 博	@北京大学出版社　@北京大学出版社经管图书
电　　　话	邮购部 62752015　发行部 62750672　编辑部 62752926　出版部 62754962
印 　 刷 　者	北京宏伟双华印刷有限公司
经 　 销 　者	新华书店
	730 毫米×1020 毫米　16 开本　11.5 印张　201 千字
	2014 年 6 月第 1 版　2014 年 6 月第 1 次印刷
定　　　价	35.00 元

未经许可,不得以任何方式复制或抄袭本书之部分或全部内容。
版权所有,侵权必究
举报电话:010-62752024　电子信箱:fd@pup.pku.edu.cn

前言

在我国经济发展和产业进步中,科技型中小企业是科技创新的关键环节,是科技繁荣的重要平台,也是产业结构升级转型的重要载体。由科技型中小企业发展壮大起来的科技产业集团,已经逐渐成为国家经济发展和创新开拓的中坚力量。但是科技型中小企业的生存和成长却极其艰难,融资难是其中最重要的原因。

目前的信贷理论以西方经济信用观做指导,在依据财务指标作为评价体系并配以抵押担保的通行做法中,以科技型中小企业规模小、资产软、管理弱、风险大归集成的"信用差",把大多数科技型中小企业拒之门外,这显然是非常偏颇的,对我国经济发展、科技进步、产业转型等是非常不利的。究其原因,主要是对构成我国科技型中小企业信用的要素和组合、信用的内涵和本质、信用的价值和功能以及信用的实现和机制等研究不够。这是目前解决科技型中小企业融资难的关键问题。

在我国成为最大新兴经济体、知识经济已经成为主流、面临大规模产业结构转型升级的今天,科技型企业必然既是经济转型的先锋队、排头兵,又将是重头戏、主力军,可见科技型中小企业的地位和价值空前重要和重大。所以,到了对科技型中小企业的信用及其价值重新认识、重新定位,通过建立科学的评价体系,创建全新的针对科技型中小企业的融资模式和运作机制的时候了。而这些工作的前提是对科技型中小企业的信用体系建设所涉及的信用体系的内容、信用建设的过程和通过建设形成的信用资本的标准等方方面面做一个系统整体的研究,以指导信用融资机制和模式的创建和完善。

本书通过分析近些年我国开发性金融对科技型中小企业融资支持的实践经验,在借鉴国外政策性金融成功经验的基础上,建立了科技型中小企业融资信用体系建设的开发性金融"四三七"理论模型。本书将此开发性金融"四三七"理论模型用于分析我国开发性金融支持科技型中小企业的"重庆模式"和"浙江模式",并从融资运行机制和资源组合机理两个角度分析了信用体系的作用。同时,通过借鉴商业金融对科技型中小企业融资支持的经验,按照"四三七"理论模型,对信用体系建设的延伸放大做了论述,提出了科技型中小企业在信用融资中、信用体系建设中需要进一步深入探索的几个方面,并对其中一些问题做了探讨。

在此基础上，结合目前在国家政策指导下，商业银行对中小企业开展的有别于传统信贷特点的创新分析，将以上开发性金融"四三七"理论模型创新放大，形成开发型金融"四三七"理论模型。从"开发性"到"开发型"的转变，使在开发性金融实践中摸索出来的支持科技型中小企业的信用信贷模式得以变通放大，为开展利用商业资本、社会资本等支持科技型中小企业信用融资，创新一个新思路，设计出一个新模式。

所谓"四三七"理论模型，"四"是指信用体系建设的四项"内容"，"三"是指信用体系建设的三个"机制"，"七"是指信用体系建设的七项"标准"。

建设"四三七"模型的目的是为科技型中小企业设计这样一种集群（一批批、一群群地为科技型中小企业提供信用融资）、集信（运用各种方式集中信用，形成信用资本，用于融资运作）、集合（以一个威信主导者的身份整合各方资源）、集续（集中一批科技型中小企业，按照先开发型金融扶持，再商业银行融资，再基金、风投等金融机构投资，最后进行资产交易、柜台交易、证券市场等资本市场上市融资等可持续的融资模式，帮助科技型中小企业快速做大做强）的，不迷信资产抵押和财务报表、切合科技型中小企业信用特点、灵活快捷、风险最低、兼具持续地助推科技型中小企业成长壮大的融资模式。

为了达到通过信用体系的建设，解决科技型中小企业融资难的目的，按照"四三七"模型，将分别研究"内容"、"机制"及"标准"。通过信用融资织就一张可实际操作的背景大网，使信用融资具有实操性。任何研究都是要"研以致用"的，在进行以上开发型融资信用体系建设的内容、机制和标准的研究之后，如何应用这些研究成果，设计针对科技型中小企业开发型信用融资的理论模型，并对运行机制、程序等落地实操的办法做出安排，是这些研究是否能落地指导科技型中小企业融资实践的关键。本书也就是围绕以上三大部分展开研究和设计的。

目前，针对科技型中小企业信用融资方面可参考的理论研究很少，各种模式的创新实践还处在小规模、尝试性阶段。再者，由于时间关系以及作者的能力水平有限，呈献给读者的这项研究成果还不成熟，甚至还可能有错误和谬误之处，希望各位专家学者、一线金融工作者不吝赐教、严加斧正。也希望能引起更多学者关注科技型中小企业的成长，以求探索出更好的通过信用体系建设实现对科技型中小企业融资支持的办法与模式，让代表我国经济发展前途、科技进步未来的科技型中小企业，在国家繁荣富强和民族伟大复兴的伟业中，成长更加茁壮，身姿更加健硕，贡献更加重大。

郁俊莉
2014年1月于燕园

绪　论　/1

第一部分　信用体系建设的理论与实践研究

第一章　科技型中小企业的特点与融资现状　/11
第一节　科技型中小企业的特点与作用　/11
第二节　科技型中小企业的融资现状与原因　/16

第二章　开发性金融对中小企业融资的运行机理及信用体系建设的作用　/19
第一节　开发性金融简介　/19
第二节　开发性金融的运行机理及其对科技型中小企业的融资模式　/20
第三节　信用体系建设在开发性金融对中小企业融资中的作用　/21

第三章　科技型中小企业开发性金融融资模式及信用体系建设模型　/23
第一节　科技型中小企业的融资模式　/23
第二节　科技型中小企业开发性金融融资信用体系建设的"四三七"理论模型　/30

第四章　"重庆模式"、"浙江模式"及其信用体系建设分析　/45
第一节　"重庆模式"及其信用体系建设　/45
第二节　"浙江模式"及其信用体系建设　/49
第三节　"重庆模式"、"浙江模式"中的信用体系建设分析　/56

第五章　信用体系建设在科技型中小企业开发性金融融资中的作用　/65
第一节　科技型中小企业开发性金融融资运行机制与信用体系建设　/65

目录

第二节 科技型中小企业开发性金融资源组合机理
与信用体系建设 /68

**第六章 科技型中小企业开发性金融融资模式及信用
体系建设展望** /72

第一节 "重庆模式"、"浙江模式"的风险分析 /73

第二节 融资模式及信用体系建设展望 /73

第二部分 信用融资模式创新实践
与信用体系建设研究

**第七章 政府及开发性金融在科技型中小企业信用融资中的
创新及信用体系建设分析** /79

第一节 中关村模式 /80

第二节 北京高创中心模式 /84

第三节 杭州模式 /85

第四节 扬州模式 /88

第五节 开发型金融"四三七"信用体系建设分析 /89

**第八章 商业金融对中小企业的融资实践及其信用融资
要素分析** /96

第一节 平安银行"一贷通"的信贷实践及启示 /97

第二节 台州商业银行的信贷实践及启示 /99

第三节 招商银行小微企业信贷创新的实践及启示 /103

第四节 民生银行信贷创新的实践及启示 /107

第五节 建设银行"信贷工厂"的实践及启示 /111

第六节 杭州银行科技型中小企业信贷的实践及启示 /113

第七节 阿里巴巴小额金融信贷的实践及启示 /117

第八节 宜信民间借贷的实践及启示 /119

目录

**第九章　科技型中小企业开发型信用融资新模式信用
　　　　体系建设研究**　　　　　　　　　　　　　　／121
　　第一节　新模式信用体系的三个机制建设　　　　／121
　　第二节　新模式信用体系建设的七项标准分析　　／123

第三部分　科技型中小企业开发型
　　　　　　信用融资模式研究

第十章　信托融资平台模式　　　　　　　　　　　／143

第十一章　高新技术园区融资平台模式　　　　　　／150

第十二章　产权交易中心平台模式　　　　　　　　／160

第十三章　基金平台模式　　　　　　　　　　　　／164

参考文献　　　　　　　　　　　　　　　　　　　　／171

后　记　　　　　　　　　　　　　　　　　　　　　／177

绪 论

科技型中小企业在国民经济发展和产业结构优化升级中具有重要作用,但融资难已经成为其发展的瓶颈。开发性金融以信用体系建设为前提,开展对科技型中小企业的融资实践,探索出的成功模式对融资信用体系建设提供了极有价值的实证案例。

本书第一部分在对中外政策性金融、开发性金融对科技型中小企业融资支持及信用体系建设实践进行系统分析的基础上,首先构建了科技型中小企业开发性金融融资信用体系建设的"四三七"理论模型,依此模型对我国开发性金融支持科技型中小企业的"重庆模式"和"浙江模式"进行了分析,进而从融资运行机制和资源组合机理两个角度论述了信用体系建设对融资的支持作用,并对开发性金融对科技型中小企业的融资支持进行了展望。

本书第二部分借鉴目前商业金融对科技型中小企业融资支持的经验,对信用融资支持科技型中小企业的模式做了开发型金融"四三七"理论模型的创新性设计,并按照"四三七"理论模型对新模式的信用体系建设做了论述,提出了科技型中小企业在信用融资体系建设中需要进一步深入探索的几个方面,并对其中一些问题做了探讨。

本书第三部分运用开发型金融"四三七"理论模型,尝试建立了几个开发型金融支持科技型中小企业的信用融资模式,为集群、集信、集合、集续解决科技型中小企业融资难问题提供可资参考的解决方案。

一、科技型中小企业融资难问题

科技型中小企业以其快速的科学技术成果产业化转化能力、良好的科技创新载体的突出特点,在推动国家经济结构转型、提升对外贸易水平、提供就业岗位、促进技术进步、开发新产品、拓展新产业等方面,都起到了极其重要的作用。

国内外的统计数据表明,科技型中小企业作为推动经济发展的重要动力来源,已经成为国民经济重要的组成部分和新的增长点。在美国,90%的技术源头与科技型中小企业相关,80%的技术创新活动源于科技型中小企业,70%可能形成产业的新技术是由科技型中小企业研发的。当前,中国中小微企业占全国企业总数的99.7%,其中小型、微型企业占97.3%,提供城镇就业岗位超过80%,创造的最终产品和服务相当于国内生产总值的60%,上缴利税占50%。中国发明专利的65%、企业技术创新的75%以上和新产品开发的80%以上,都是由中小企业完成的。①

目前,以科技含量升级产业结构,变"中国制造"为"中国创造",是我国的重点战略目标,大力扶持科技型中小企业是完成这一目标的重要举措。

然而,任重道远并且在国民经济中居于重要地位的科技型中小企业,却因融资难问题而无法快速壮大,融资难成为妨碍我国科技型中小企业快速成长的瓶颈。

科技型中小企业融资难主要表现在直接融资渠道少、间接融资渠道窄、政策性融资效果不明显、民间融资成本高四个方面。

截至2011年8月,我国近5 000万家中小企业中,在中小企业板上市的企业一共281家,而上述281家企业中,高新技术企业为237家,可见其融资难度之大。② 目前,我国直接融资比重约占融资总规模的10%,远低于发达国家60%的水平。企业融资过度依赖间接融资特别是银行贷款的情况仍未根本改变。近几年,我国高度重视发展多层级的资本市场,不断扩大股票和债券规模,提高直接融资比例。以债券市场为例,尽管规模扩张得很快,但主要是国有企业取得融资,中小企业通过债券取得融资的数量非常有限。同时,广大中小企业依托融资租赁、信托、保险等非银行金融业务进行融资的规模较小,尽管表面上企业融资渠道增多,但是能够支持中小企业的融资渠道非常有限。③

从间接融资看,2009年第一季度全国信贷总量增加了4.58万亿元人民币,其中中小企业的增加额度总共不到5%。④ 而科技型中小企业只是其中极小一部分,其贷款额度比例及增加额度则更少,说明科技型中小企业贷款与全国信贷规模相比没有同步增长,科技型中小企业授信额度只占贷款总额的1%—3%。⑤ 科技型中小企业融资难可见一斑。

从供给方面看,2011年货币发行量比2009年、2010年有所下降,9次上调银行存款准备金率,截至2011年年底,存款准备金率已上升至21.5%的高位,冻结资金4.2万亿元;从需求方面看,由于能源、原材料、劳动力价格上涨,企业扩大

---

① http://www.guozhicn.cn/a/chubanwu/zhongguojingjibaogao/2014/di2qi/2014/0210/1101.html
② 中国新闻网. http://www.chinanews.com/stock/2011/08-26/3287567.shtml
③ 李子彬.中国中小企业2011蓝皮书[M].北京:中国发展出版社,2011.
④ 中国工业经济运行2009年春季报告.
⑤ 金融街网站.http://financial.jrj.com.cn

再生产、规模扩张及技术改造引发的资产占有量等对资金的需求上升;这一增一减,使得供需之间的缺口加大,中小企业融资更加困难。①

工业和信息化部的有关报告指出,中小企业获得有关贷款的综合成本上升幅度至少在13%以上,远高于一年期基准利率。②

科技型中小企业融资难有许多原因,其中就我国金融体系而言,占主导地位的大型国有商业银行的贷款方向是国有大中型企业,形成了中小企业尤其是科技型中小企业融资的"体制空缺"。加上科技型中小企业的"资产净值小",以及与金融部门之间相对"信息不对称"引起的决策前"逆向选择"和决策后"道德风险",构成了科技型中小企业融资难的三大关键原因。

二、开发性金融及解决科技型中小企业融资难问题的实践

近年来,国家对中小企业融资难问题非常关注,国家开发银行以开发性金融肩负的使命和特有的优势,率先从"信用体系建设角度"进行了破解中小企业尤其是科技型中小企业融资难的尝试,先后成功地创造了"重庆模式"、"浙江模式"③,为破解科技型中小企业融资难问题进行了富有创造性的探索。

开发性金融是国家为弥补市场缺损和制度落后,有效支持、扶持国家和地方战略性社会经济发展项目而专门设立的金融机构(我国以国家开发银行为代表)。面对世界性的中小企业融资难问题,国家开发银行积极投身到解决科技型中小企业融资难问题之中,并以开发性金融特有的优势为手段,创造性地构建了一套"四位一体"的支持中小企业融资的完整业务体系。这套体系贯彻"政府项目、雪中送炭、规划先行、信用建设、融资推动"的指导思想和"政府入口—国家开发银行孵化—市场出口"的原则,从整合各方资源和需求出发,吸引各方资源和权能,通过构建两个平台(融资平台和信用平台),统筹四方面机构(专管机构、担保机构、中介机构、结算银行),开展六方面机制建设(经费补偿机制、利率形成机制、担保机制、激励机制、约束机制、风险分担机制),以各方多赢共赢的业绩创造了"重庆模式"和"浙江模式"两个经典案例。尤其在"浙江模式"中,通过"平阳模式"、"银行模式"、"浙租公司模式"、"信用平台模式"等一系列实践,一步步改进、一次次创新,以信用体系建设为手段,充分利用开发性金融的资金、

---

① 李子彬.中国中小企业2011蓝皮书[M].北京:中国发展出版社,2011:59.
② 同上.
③ 国家开发银行·中国人民大学联合课题组.开发性金融经典案例[M].北京:中国人民大学出版社,2007:385—425.

信用和整合优势,把地方政府的协调优势、行业协会的网络资源和信息优势巧妙地整合起来,建设了"抱团增信"的担保体系,有效地解决了"信息不对称"这个科技型中小企业融资难问题的症结,把"逆向选择"和"道德风险"效应降到了最低。

这些实践不但丰富了科技型中小企业融资信用体系建设的内容,拓展了信用体系建设的作用,启发了信用体系建设模型的内容和指标体系的设计,而且还通过国家开发银行的资金运作实现了信用和信息的"溢出",对民间资本、商业银行、风险投资等金融资源投资于具有巨大发展潜力的科技型中小企业,发挥了重要的引导作用。

这种实践,既为研究如何提高我国金融体系整体的资源配置效率提供了实证,还为探索通过信用体系建设,设计更为优化的科技型中小企业融资解决方案,进而为解决我国科技型中小企业融资难问题提供了具有借鉴意义的案例。

三、信用体系建设在开发性金融解决科技型中小企业融资难问题中的作用

信用从一般的社会关系转变为资源配置的基础制度,是市场经济的必然要求。有了信用平台的支持,生产要素的集聚力是惊人的,这正是经济持续增长的基本条件。

完善的信用体系一旦形成,将大大降低金融交易的成本。人们将把全部资源作为成本投向生产和交换,而不再担心由于一方失信造成连锁式的风险,这就是信用体系的力量和效率所在。因此,信用是金融运行的基础。

我们经常听到政府部门、企业家、银行和民间投资者对信用所做的形象生动的比喻,如"信用是金库的钥匙"、"信用是好生意的身份证"、"信用是印钞机的润滑油"、"信用是好机会的上岗证"等。

在科技型中小企业融资项目中,政府信用是最大的信用,开发性金融具有准国家级信用,是信用体系建设的主导者和参与者。市场信用、企业信用、社会信用都是基于政府信用来推行、运行和不断创新发展的。

一般的商业银行对科技型中小企业信用的使用,主要还是根据申请贷款的科技型中小企业有形资产的多少来决定贷款与否和授信多少,并且是一对一的业务。得到贷款的科技型中小企业数量少,获得的授信额度小,而且贷款手续繁杂,贷款成本相对较高。而开发性金融对科技型中小企业集中贷款实现了数量多、额度大、成本低、过程辅导孵化、守信履约好等特点和优势,其中信用体系的

建设起到了决定性作用。这种模式具有大规模、低成本、高效益的特点,而且,对转入"市场出口"去解决科技型中小企业融资难等问题,具有突破性创新意义。但作为对其中信用体系建设的解读和使用,国家开发银行终究是银行,其对信用体系的建设虽然比商业银行更加注重,但终究也是从信贷业务及操作实务的角度去理解和应用,大规模开展对科技型中小企业的信贷支持必然存在局限性。

本书对信用体系建设的研究,主要是从融资实施的整个过程中各相关主体的全面信用体系建设,以及模式的标准化、可复制性、开放性、可拓展性等角度进行的系统研究。即以构建科技型中小企业融资"信用结构系统、信用量化系统、信用运行系统、信用支持系统"四个方面为信用体系建设的内容;以科技型中小企业融资启动、运行、结转三个阶段来划分信用体系建设的三个机制;以实现最理想融资效果来考量信用体系建设的七项标准。构建"四内容、三机制、七标准"的"四三七"融资信用体系理论模型,目的是通过信用体系的建设,构建一张完整立体的科技型中小企业融资信用体系之网,以克服、化解科技型中小企业融资中的诸多难题,尤其是信息不对称、不认同等信用难题,为科技型中小企业融资难问题找出根本解决之道。

四、国外政策性金融在科技型中小企业融资中的信用体系建设经验

欧美国家由于市场经济发达,市场化融资渠道丰富、融资方式灵活,科技型中小企业以其高成长性和高收益性吸引了众多投资者。投资需求的扩张和逐利行为推动了资本市场和金融机构的发展,创业板(如美国纳斯达克科技板)、风险投资、创业银行(如美国硅谷银行)、债券市场等,都以利益交换原则、市场化运作模式开展投融资活动,自负盈亏,自担风险。

科技型中小企业的规模小、风险高、缺少抵押质押品等先天劣势必然导致其处在市场竞争的不利地位。这时,即使是发达的市场经济国家的政府也会予以调控,以适当形式进入融资服务体系,纠正和弥补市场缺失,完善对科技型中小企业的金融服务体系。

政府会建立组织保证,包括设立专门的中小企业行政管理机构或金融机构,以及建立专门为中小企业融资服务的政策性金融机构和机制,如美国中小企业担保基金、日本中小企业金融公库、泰国小企业金融局、韩国中小企业银行等,向科技型中小企业开展融资业务,支持科技创新的国家战略导向。美国、英国、法国、德国、加拿大、日本等科技型中小企业发展良好的国家都设立了这样的机构。由于各国国情各异,科技型中小企业发展水平不一,所采取的政策支持、法律保

障和具体手段各有侧重,如美国侧重为科技型中小企业提供担保,德国侧重税收优惠,法国侧重财政补贴,日本侧重促进中小企业联合。

发达国家在信用体系建设方面的经验主要有以下三个方面:

1. 建立信息化数据库予以征信支持

政府以其在收集信息方面的优势,协调建立面向社会和科技型中小企业的信用征集系统,资助中央银行建立中央信贷登记系统,登记科技型中小企业信贷信息,建立覆盖全国的科技型中小企业征信数据库,为科技型中小企业融资提供信用支持。

2. 建立信用担保服务体系予以支持

担保服务具有准公共品性质,建立为科技型中小企业融资提供引导和支持的信用担保服务体系,是欧美各国支持科技型中小企业的通行做法。比如,美国政府有固定的财政拨款来补充中小企业信用担保基金,还以减免所得税、利润返还、划拨项目等方式培养壮大担保机构。

3. 鼓励民间担保机构进行融资担保增信服务

科技型中小企业资金需求旺盛,仅靠政府担保机构不能满足其对担保的需求。欧美市场机制发达,政府参与信用担保的初衷主要是通过鼓励民间担保机构的组建和引导性资金,吸引和鼓励社会资本建立商业性担保机构、民间互助性担保机构,调动它们向科技型中小企业提供担保的积极性,而政府可以向这些担保机构提供再担保,从而放大政府担保资金的杠杆作用。

五、科技型中小企业融资信用体系建设模型

"四三七"之"四",是指信用结构系统、信用量化系统、信用运行系统、信用支持系统等"信用四内容"建设。

"四三七"之"三",是指威信整合资源机制、守信保障运行机制、公信支撑可持续机制等"信用三机制"建设。信用体系建设在融资三个阶段发挥作用,是指对于始终内导于科技型中小企业融资中的信用体系建设来说,"启动时是前提,运行中是保障,结束后是成果"。这是信用体系建设理想的目标模型。这个模型中的内容取舍和建设要点,将随着科技型中小企业融资模式的不同而变化,但信用作为融资的"前提"、"保障"、"成果"的主题是永恒的,如影随形,自始至终。这是信用所以成为内导于科技型中小企业融资成败的关键所在。

威信整合资源机制,是指怎样以最权威的信用主体凝聚、整合各种资源,启动科技型中小企业融资的系统工程。

守信保障运行机制,是指怎样以信用协调融资各方主体,润滑各个环节,进行阶段性评估和正负激励,保证资金放收全过程在守信的轨道上顺利运行。

公信支撑可持续机制,是指如何保证在融资结束阶段使各方都受益,分享科技型中小企业发展带来的收益,共同建设信用制度和信用文化,为进一步可持续发展奠定经济基础和人文基础。

"四三七"之"七",是指信用体系建设的七项标准,即:

(1) 信用保证要素同质化科技型中小企业批量选拔、入围。
(2) 特色信用征评和资产评级指标体系。
(3) 威信主体主导下的资源整合能力。
(4) 完备高效的信用运行机制。
(5) 以企业商誉形成信用资本,并成为商业金融、资本机构的目标客户。
(6) 期权释放、证券化信用收益和交换机制。
(7) 多元化的担保主体、方式和收益。

这套衡量信用体系建设成功与否的七项标准,主要衡量的是能否形成开放性、可复制、大整合、高效率的融资信用模式,为解决科技型中小企业融资难问题提供了理论思路。

所以,本书通过分析、研究现有科技型中小企业的融资理论和实践,以及对现有信用体系建设进行系统研究,构建了具有集群化、开放性、可复制、大整合、低成本、高效率特点的信贷模式,形成了解决科技型中小企业融资难问题的创新性理论成果。

六、本书的研究方法、思路与研究意义

1. 研究方法

本书采取实证方法对在科技型中小企业开发性以及开发型金融融资中的信用体系建设问题展开研究。

2. 研究思路

通过经历两个"从实践中来到实践中去"的实证研究阶段,应用这些研究成果设计出可资借鉴的科技型中小企业几个开发型金融融资模式,达到研以致用的目的。

第一阶段:通过对国内外政策性金融、开发性金融对科技型中小企业融资实践中各相关主体的权能分析以及组合成的各种模式分析,概括出了信用体系的基本内容、作用和理论模型即开发性金融"四三七"理论模型。然后以这个模型

为分析工具,详细解析开发性金融在"重庆模式"和"浙江模式"中信用体系建设的理论内涵,以验证本书提出的信用体系建设理论模型的科学性,并指出"重庆模式"、"浙江模式"的不足、展望以及模式演化方向,为建设具有开放性、可复制、大整合、高效率的科技型中小企业开发型金融融资的新模式做铺垫。

第二阶段:在对开发性金融向科技型中小企业融资进行实践与理论分析的基础上,分析平安银行、华夏银行等商业银行,以及浙江省杭州市政府与商业金融机构、资本机构合作,整合资源为科技型中小企业融资服务的成功实践,并借鉴其运作原理,以信用体系建设理论做指导,构建开发型金融向科技型中小企业融资的"四三七"理论模型,为大批量、标准化、成本低、风险小地向科技型中小企业融资,解决科技型中小企业融资难问题提供理论指导和实践构思。

第三阶段:应用开发型金融"四三七"理论模型,设计出信托融资平台模式、高新技术园区融资平台模式、产权交易中心平台模式、基金平台模式等四个模式,供科技型中小企业融资实践做参考。

3. 研究意义

本书的研究意义在于,提出了借鉴国家开发银行开发性金融雄厚的资金优势、保本微利的优势、国家级的信用优势、各类资源的整合优势、制度创新的能力优势、促成市场后退出市场的使命优势,创建一个分类批量解决、全方位整合资源、信贷成本低微、运行稳健安全、可复制可持续的有效解决科技型中小企业融资难问题的新模式。这个新模式对于解决我国科技型中小企业中普遍存在的融资老大难问题具有理论上的指导意义。

第一部分

信用体系建设的理论与实践研究

　　科技型中小企业融资难是世界性难题，发达国家主要通过发达的资本市场开展融资，政府通过其设立的基金、担保机构等予以增信和引导，创造了从市场角度为科技型中小企业开展融资的诸多模式。随着科技型中小企业在我国产业升级和经济转型中重要程度的不断提高，国家开发银行开始打破资产抵押、担保贷款的传统，尝试以信用体系建设为特色，创新科技型中小企业融资模式的破冰之旅，成功进行了"重庆模式"和"浙江模式"的探索实践，积累了大量的经验。本着从实践中来到实践中去的思路，本书按照"实践—理论—实践"的线索，就国外对科技型中小企业政策性金融实践和国家开发银行的创新实践进行理论总结，提出了以信用体系建设创造信用资本为科技型中小企业开展融资的"四三七"信用体系建设模型，以期用于指导商业银行、资本机构等市场金融资源对科技型中小企业开展信用融资的实践，最后形成商业银行、资本机构顺利开展信用融资的理论体系和实战模式。

第一章

科技型中小企业的特点与融资现状

根据《中华人民共和国中小企业促进法》,中小企业是指在中华人民共和国境内依法设立的有利于满足社会需要、增加就业,符合国家产业政策,生产经营规模属于中小型的各种所有制和各种形式的企业。行业不同,标准也不同,其中工业中小企业的标准是:从业人员1000人以下或营业收入40000万元以下的为中小微型企业。科技型中小企业是指以科技人员为主体,从事科学研究、技术开发、技术服务、技术咨询和高新产品生产、销售,以科技成果商品化为主要内容,以市场为导向,实行自筹资金、自愿组合、自主经营、自负盈亏、独立核算、自我约束的智密型企业组织。[①]

第一节 科技型中小企业的特点与作用

一、对中小企业的界定

每个国家因历史条件、社会形态、自然资源、产业结构、经济发展水平与状况的不同,划分中小企业的标准也不尽相同。

1. 国外对中小企业的界定

世界大多数国家主要是以从业人员、资产总额、年营业额三个要素作为标准来划分中小企业,具体标准如表1-1所示。

---

① 《中华人民共和国中小企业促进法》。

表 1-1　国外对中小企业的界定标准①

国家/地区	中小企业界定标准
美国	雇员人数不超过 500 人,或满足以下四个条件中的两个:(1) 企业的所有者同时是经营者;(2) 企业的资本由一个人或几个人提供;(3) 企业产品销售范围主要在当地;(4) 与同行业企业相比规模较小
欧盟	雇员人数在 250 人以下且年产值不超过 4 000 万欧元,其中雇员少于 50 人,年产值不超过 700 万欧元的具有法人地位的为小企业,其余为中型企业
日本	制造业等:从业人员 300 人以下或资本额 3 亿日元以下 批发业:从业人员 100 人以下或资本额 1 亿日元以下 零售业:从业人员 50 人以下或资本额 5 000 万日元以下 服务业:从业人员 100 人以下或资本额 5 000 万日元以下
中国台湾	制造业:经常雇员人数 200 人以下或资本额在 8 000 万元新台币以下 矿业与土石开采业:经常雇员人数在 200 人以下或资本额在 8 000 万元新台币以下 服务业:经常雇员人数在 50 人以下或营业额在 1 亿万元新台币以下

2. 我国对中小企业的界定

2001 年 8 月在上海闭幕的第八届 APEC 中小企业部长会议新闻发布会上,国家计委、财政部等有关部门联合提出新的划分标准,即统一按销售收入、资产总额和营业收入进行分类,主要考察指标为销售收入和资产总额。参照其他国家的标准并结合我国的实际情况,具体划分标准如下:特大型企业,年销售收入和资产总额均在 50 亿元以上;大型企业,年销售收入和资产总额均在 5 亿元及以上;中型企业,年销售收入和资产总额均在 5 000 万元及以上;小型企业,年销售收入和资产总额均在 5 000 万元以下。

2011 年 6 月 18 日,为贯彻落实《中华人民共和国中小企业促进法》和《国务院关于进一步促进中小企业发展的若干意见》(国发〔2009〕36 号),工业和信息化部、国家统计局、发展改革委、财政部研究制定了《中小企业划型标准规定》。该标准根据企业从业人员、营业收入、资产总额等指标,结合行业特点制定。中小企业划分为中型、小型、微型三种类型。本书所指的中小企业即以此为标准。现将《中小企业划型标准规定》中的一部分列示在表 1-2 中,以供参考。

---

① 王伟.信用资本增进研究[D].北京大学,2010:13.

表 1-2 我国中小企业划分标准

行业	规模	从业人数	营业收入	资产总额
工业企业	中型	300 人及以上	2000 万元及以上	
	小型	20 人及以上	300 万元及以上	
	微型	20 人以下	300 万元以下	
零售业企业	中型	50 人及以上	500 万元及以上	
	小型	10 人及以上	100 万元及以上	
	微型	10 人以下	100 万元以下	
交通运输业	中型	300 人及以上	3000 万元及以上	
	小型	20 人及以上	200 万元及以上	
	微型	20 人以下	200 万元以下	
信息传输业	中型	100 人及以上	1000 万元及以上	
	小型	10 人及以上	100 万元及以上	
	微型	10 人以下	100 万元以下	
软件和信息技术服务业	中型	100 人及以上	1000 万元及以上	
	小型	10 人及以上	50 万元及以上	
	微型	10 人以下	50 万元以下	
租赁和商务服务业	中型	100 人及以上		8000 万元及以上
	小型	10 人及以上		100 万元及以上
	微型	10 人以下		100 万元以下
房地产开发经营	中型		1000 万元及以上	5000 万元及以上
	小型		100 万元及以上	2000 万元及以上
	微型		100 万元以下	2000 万元以下

从国外与我国对中小企业的界定标准来看，范围都是比较宽泛的，并且可能出现符合其中一个或两个条件而不符合全部三个条件的情况。因此，在实践中一般是作为一个参考。另外，对比国外中小企业和我国中小企业规模，美国、德国等发达国家的中小企业规模比我国的要小得多，这意味着同样是中小企业，但其在规模、人数和资产等方面会存在很大差异。这在实践中很容易导致国家针对中小企业融资的支持政策针对性不强，客观上也将造成国家面对多样性的中小企业，因众口难调而难以快速出台扶持政策。对银行而言，也更容易挑选规模较大、资产较为雄厚的中小企业予以资金支持。但从企业通过信用能力建设来获得融资支持角度而言，中小企业概念的宽泛并不是问题，相反，如果信用能力建设的模式具有一定的代表性，其可以扩展到的范围就更加广泛，就能够有助于更多因自身实力不足或融资渠道不够畅通的企业获得资

金支持。

二、科技型中小企业的"四高"特点

1. 高科技含量

科技型中小企业以其高技术密集、高知识密集形成高科技含量,具体体现在产品、附加值和从业人员上。

在产品上,由于科技型中小企业主要从事高新技术产品的研发、生产和服务,所涉及的领域具有很高的科技含量,如生物制药、新材料、电子信息、新能源、环保技术等。

在附加值上,科技型中小企业凝聚了加工、设计、智力投入等,往往含有专利权、专有技术、商标权、商誉等无形资产,附加值往往高于普通产品,典型的例子是软件企业。

在从业人员上,从业人员主要是科技人员,负责关键技术的大多是专业研究出身,从基础研究到生产技术、应用技术研究都有丰富的经验,对本产业的技术从国内世界最前沿到生产应用细节都十分熟悉,在技术上可谓是"顶天立地"式的人才,企业投入产品研发的人力资源成本远远高于物质资本,人员素质高是这类企业最主要的特点。

2. 高创新能力

科技型中小企业具有极强的创新能力,原因有三:一是科技型中小企业的人才特点;二是生存要求;三是动力天成。

科技型中小企业科技型人才所占比例较一般企业高很多而且相对年轻,他们有较高的专业技术水平,而且个性独立、有胆有识,富于创新又敢于担当风险,喜欢竞争又善于消化吸收。在科技型中小企业灵活宽松的机制下,人才的创新能力很强。

科技型中小企业生存的根本在于创新,这使得企业极其注重研发创新,同时激烈的竞争使得科技型中小企业不得不采取差异化战略、蓝海战略,没有较强的创新能力根本不能保证战略、战术的实施。

科技型中小企业产品的高额利润及其不断地对产品"撇脂期"高利润的追求,使得科技型中小企业不断研发创新以满足市场需求,其获得高额回报的动力是与生俱来的。这种"动力天成"的特点也促使科技型中小企业不断提高自己的创新能力。

3. 高风险

成功创新的结果是高利润的回报、高成长的激励和领航技术前沿的自豪,但创新的过程具有高风险。例如,技术成熟程度、新产品研发的成本及周期与竞争者相比是否具有优势?新品上市后市场认可度如何?市场收益能否覆盖前期研发和市场开发的投入?企业资金支持的可持续性、企业管理效率、企业效益如何?诸多不确定性问题与风险,都造成了科技型中小企业的成活率较低。据统计,美国科技型中小企业存活10年以上的不超过10%,我国改革开放后创建的科技型中小企业只有不足10%还存在。

4. 高收益

风险与收益是对等的,科技型中小企业由于产品的技术含量高、附加值高,因此,企业收益高于一般企业。

三、科技型中小企业的"四体"作用

科技型中小企业具有技术创新的主体、大型企业的基体、领航产业结构优化升级的载体、发展新型经济的原生体的作用。

1. 技术创新的主体

由于科技型中小企业机制灵活、技术前沿、贴近市场、洞察需求,产品转化迅速、企业转型便捷,其已经成为最重要的技术提供者和技术创新主体。

2. 大型企业的基体

科技型中小企业因为其高成长性,自身发展速度很快,其因一项技术发明、一个产品推广、一个模式创新或复制就可以很快发展成为社会做出重大贡献的大企业。世界很多优秀大企业如苹果、微软、惠普、联想、松下、方正、百度等都是从几个人、几间房子发展起来的。另外,科技型中小企业本身对产业链上下游企业"外溢性"很强,在资本的运作下同行间协作、并购、重组很方便,这也使得科技型中小企业能很快做大做强成为大企业。所以,科技型中小企业是大型企业的基体。

3. 领航产业结构优化升级的载体

科技型中小企业具有技术创新优势,这些企业的发展壮大能孕育出新发明、新产品,并予以产业化转化,使国家和地区的产业结构得以优化和升级,尤其是在我国大力发展高科技产业园区"集群发展"、地方调结构升品质的政策指导下,科技型中小企业在依靠高新技术不断快速成长的同时,已经成为我国产业结构优化升级的重要载体。

4. 发展新型经济的原生体

"原生体"的本意是生来就具备生存适应能力和必要的生活机制的生命体，在广泛应用中引申为天生就具备某种生存禀赋的存在现象、事物或者各类组织。科技型中小企业是以高知识、高技术、高资金、高级人才从事例如生物产业、信息产业、新材料、新能源等最高端专业的研发与生产工作，其天然的禀赋注定了其必然成为发展新型经济的原生体。

第二节　科技型中小企业的融资现状与原因

一、科技型中小企业的融资现状

目前，我国科技型中小企业的融资状况可以用一个"难"字来形容，主要体现在以下四个方面：

1. 直接融资渠道少

我国科技型中小企业的商业期票、商业汇票、债券、股票等融资创新存在信用不足、资质不全、品种不够等问题，这使得科技型中小企业直接融资的渠道少而又少。主板上市限制严、门槛高，主要面向大中型企业。创业板于 2009 年 10 月启动后能够覆盖的企业数量和所提供的资金规模与科技型中小企业的需求数量和需求规模相比，只有象征意义。风险投资在美、日等发达国家已经成为科技型中小企业重要的融资渠道，在我国风险投资基金主要由政府推动，对部分科技型中小企业解决资金缺口问题有一定作用，但由于财力有限、范围窄小、机制不健全等原因，与需求相比杯水车薪。科技型中小企业发行债券很难达到国家规定的条件，因为，为保护债券投资者利益，发债条款限制严格，发行主体多为大型企业，筹资主要投向水、电、路、能源和公共设施建设项目，行业和所有制歧视比较突出，即使已经相当成熟和优秀的科技型中小企业也望尘莫及。

2. 间接融资渠道窄

目前，我国科技型中小企业的间接融资渠道主要有国有银行中小企业融资部贷款、中小商业银行提供的贷款，具体产品主要有创业贷款、抵押贷款、存单、保单质押贷款、动产质押贷款、应收账款贷款、综合授信、票据贴现融资等。但科技型中小企业往往没有这些资信能力，或者资信能力和品质无法满足银行要求。它们往往抵押质押资产不足、担保人难寻，并且单次融资规模小、融资频率高、信用评估难、手续繁杂成本高,银行的贷款决策成本和监督成本高,但贷款发放程序、经办环节与大企业大致相同,银行没有"规模效益",所以从经济性出发,银行多采取"规模歧视、强担保、高利率"政策,不愿意与科技型中小企业打交道。

3. 政策性融资效果不明显

我国政府启动的科技型中小企业创新基金、中小企业发展专项基金以及建立的中小企业贷款担保机构等为中小企业融资做出了努力,但是财政资金总量小、惠及面窄,因单次贷款额度有限(最多200万元)而不能满足需求,因审批周期长(一般为半年以上)而无法满足科技型中小企业融资的即期需求。政府是想通过这些政策资金和机构带动其他金融资源、资本资源"四两拨千斤"地支持科技型中小企业,但目前看两者效果都不明显。

4. 民间融资成本高

由于我国证券市场融资门槛很高,大多数中小企业直接融资比例很低。间接融资中,银行借款主要面向大型企业,商业银行借贷在中小企业融资结构中所占比例较低。我国中小企业的资金大多来自民间借贷,也主要依靠民间资金发展企业,民间借贷往往成为保障企业生存的最后一根稻草。而民间借贷成本很高,许多地区的中小企业如果找非银行机构借贷,各种费用加在一起年息在20%左右很常见。广东省民间担保中,企业有抵押物时年息达20%,无抵押物时年息则高达50%—60%。①

二、科技型中小企业融资难的原因

科技型中小企业融资难的原因,第一是体制空缺。就我国金融体系而言,占主导地位的大型国有商业银行的贷款方向是国有大中型企业,这在一定程度上造成了中小企业尤其是科技型中小企业融资难的困境。2009年9月国务院下发的《关于进一步促进中小企业发展的若干意见》明确提出多项支持科技型中小企业的金融政策,如建立中小企业金融服务专管机构,建立和完善信贷人员尽职免责机制,鼓励建立中小企业贷款风险补偿基金等,并提出了鼓励各大商业银行向中小企业尤其是科技型中小企业贷款。央行和银监会也制定了具体的支持和鼓励措施。中国银监会前主席刘明康曾提出:银行要开展"风险定价、独立核算、高效审批、激励、培训、违约通报"等六项机制建设,加大对中小企业的融资

---

① 中国企业家网. 今年中小企业融资成本极高 民间借贷年息36%—60%. http://www.iceo.com.cn/shangye/37/2011/0609/220009.shtml

力度;银行要"放下望远镜,拿起显微镜",深入基层,实事求是地解决中小企业融资难题。目前,中、农、工、建、交五大商业银行已经设立专门服务于中小企业的一级部门,专门负责向中小企业开展信贷服务,但惧于风险,各大银行仍旧惜贷。中信银行等12家股份制商业银行建立了相关机构和机制,试探性地推出了一些针对中小企业的融资产品,如华夏银行的"龙舟计划"、招商银行的"助力贷"、平安银行的"一贷通"、兴业银行的"金芝麻"、中国邮政储蓄银行的"好借好还"等,但数量少、额度小、业务单一,效果不明显,其根本原因还是科技型中小企业信用不足,收益成本性价比低。第二是科技型中小企业的资产净值小。尽管科技型中小企业具有高科技含量、高成长性和高收益的现代企业资产资本特点,但是在银行以固定资产、有形资产、财务报表等作为主要融资评价指标的情况下,科技型中小企业的资产净值小的特点使得融资难以实现。第三是科技型中小企业与金融部门之间相对信息不对称引起的决策前"逆向选择"和决策后"道德风险"问题。

所有原因的根本可归结为科技型中小企业资信能力的问题,亦即科技型中小企业信贷资产的信用问题,也就是科技型中小企业的资产信用总量不足且难以转化为等值的货币资本。所以,解决中小企业的融资问题就是要解决其信用不足问题,促进其信用资本的形成,并在信用体系建设的保障下标准化、可复制、批量化地解决,这才可能是最终解决之道。

第二章

开发性金融对中小企业融资的运行机理及信用体系建设的作用

第一节 开发性金融简介

开发性金融起源于政策性金融,是政策性金融的深化和发展。它是实现政府规划目标、弥补体制落后和市场失灵、维护国家经济及金融安全、增强经济竞争力的一种金融形式。作为政府与市场之间的桥梁,开发性金融在弥补融资空白的同时,强调市场建设和制度建设,为过渡到资本市场与商业信贷融资创造了基础条件。

开发性金融与商业金融都是现代金融体系的重要组成部分,是分工合作、优势互补的关系,不可相互替代。任何经济社会的发展都需要有这样一类金融机构来实现政府的发展目标,完成单纯依靠市场和商业性金融不能完成的使命。

国家信用与机构信用相结合是开发性金融的运行基础,它主动运用和依托国家信用来建设制度和市场。在没有市场的地方建设市场,在有市场的地方健全完善市场。它运用政府信用筹集资金,支持国家和地区的重点扶持领域和重点建设项目,从而加速经济社会发展。国家开发银行通过这种融资活动带动了市场的建设和市场制度的完善,用建设制度和建设市场的方法实现了政府的发展目标。

国家信用具有很高的能量和价值,将其"放空"运行是巨大的浪费。国家开发银行作为开发性金融的载体,具有准国家级信用。它以国家信用和机构信用相结合来实现政府的发展目标。开发性金融将国家信用与国家开发银行的融资优势结合起来,通过组织增信来开展服务业务。在这个过程中,政府既是一个必要环节也是一个主动角色,政府和金融资源、资本资源、社会资源联合起来形成合力来推动项目进行。这个原理既适用于大型技术建设项目的融资,也适用于中小企业的融资。

组织增信是国家开发银行与政府、金融资源和社会资源的合作形式，通过组织增信弥补《担保法》的不足，充分发挥政府的组织优势，把金融资源、社会资源在信用建设的基础上整合起来，共同解决科技型中小企业的融资难问题。

遵循这样的使命，国家开发银行尝试以开发性金融"保本微利"的经营原则，通过创新性的融资平台和信用平台建设，破解中小企业尤其是科技型中小企业融资难的问题。

第二节 开发性金融的运行机理及其对科技型中小企业的融资模式

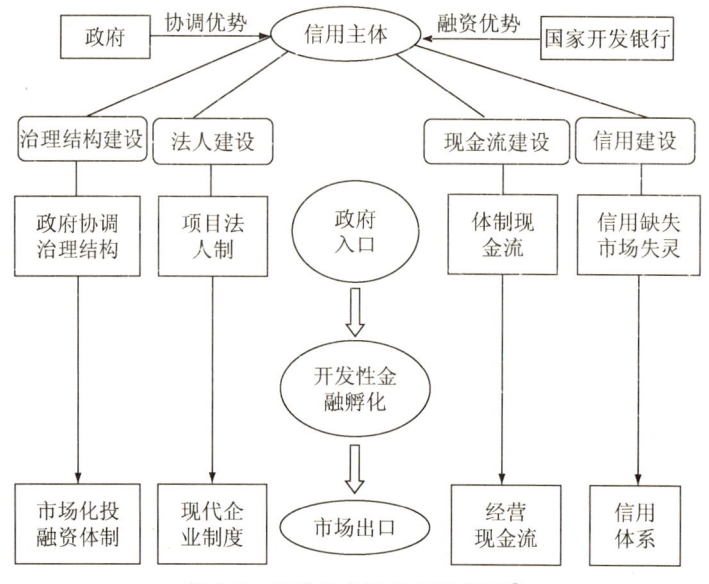

一、开发性金融的运行机理

开发性金融的运行机理如图2-1所示，可概括为：以"推进信用建设、制度建设和市场建设，高效率地支持国家和地方的经济发展"为运行目标，贯彻"政府热点、雪中送炭、规划先行、信用建设、融资推动"的指导思想，凭借国家信用和机

图 2-1 开发性金融的运行机理[①]

---

① 国家开发银行·中国人民大学联合课题组.开发性金融论纲[M].北京：中国人民大学出版社，2006：98.

构信用的双重基础,注重治理结构建设、法人建设、现金流建设和信用建设,坚持"政府选择项目入口—开发性金融孵化—实现市场出口"的模式,最终实现政府目标,达到符合国家标准的一流业绩,并取得积极的社会效应。

二、开发性金融对科技型中小企业的融资模式

开发性金融对中小企业的融资模式是"政府选择项目入口—开发性金融孵化—实现市场出口"。这三个环节是开发性金融的融资特征,其关键是金融孵化。三个环节的核心是:借助项目实施和制度建设,促进市场主体的成熟,构建高效的融资平台和信用平台。

所谓"政府选择项目入口",是指地方政府根据国家产业政策和本地区扶持中小企业的战略规划需要,整合内部资源,确定项目,申请国家开发银行金融贷款,并且为国家开发银行贷款直接作信用担保,或者共同建设融资平台。国家开发银行根据地区经济及申请贷款的科技型中小企业的发展水平、收支水平、履约情况、信用复核情况等确定贷款与否及贷款总量。

所谓"开发性金融孵化",是指在政府协调下,推动中小企业融资项目的融资主体建设和融资体制建设,即做好治理结构建设、法人建设、现金流建设、信用建设等四个建设。

所谓"实现市场出口",是指依据现金流的发展趋势,针对贷款性质、用途、使用情况,设计不同的偿还机制,包括正常的信贷还款、股权购并、资本市场出口等市场化偿还机制。在这个过程中,国家开发银行以市场经济原则探索和打造了与政府、商业银行、集群中小企业、社会金融资源、资本机构、社会中介服务机构等合作的新型关系,把政府的组织优势变成市场信用优势,为批量科技型中小企业开展融资活动,取得了多方共赢多赢的经济和社会效益,有效地破解了科技型中小企业融资难的问题。

第三节 信用体系建设在开发性金融对中小企业融资中的作用

"国家开发银行将信用建设贯彻于项目开发、评审、贷款发放、本息收回等信贷全过程和业务所及领域,大力建设市场和信用结构,防范金融风险,确保资产质量,这是国家开发银行成功开展信贷实践的核心原则";"'政府热点、雪中

送炭'必须通过信用建设才能真正实现"。① 这两句话道出了信用体系建设在开发性金融融资中的核心作用。

开发性金融对科技型中小企业融资中信用建设的作用可以概括为组织增信和信用管理两个方面。

开发性金融将政府组织优势与国家开发银行的融资优势结合,成为组织增信的社会功能。其主要通过与地方政府签署协议来实现组织增信,并以信用体系建设为指导思想展开对科技型中小企业的融资活动。在信用管理方面,开发性金融通过不断完善和创新信用平台来增进贷前、贷后的信用建设,并将新机制、新平台与评审相结合。在开发性金融的国家信用评级、地区信用评级、行业信用评级、客户信用评级及评审中,国家开发银行不仅评审对象的信用优势和劣势,还提出提高评审对象的信用等级、发展度评价等级的措施与建议。这种做法既是分析评审对象信用风险程度的过程,也是推进信用建设、传播信用文化和提供咨询服务的过程。

具体到操作环节,开发性金融在中小企业融资的全过程与各个环节都体现着信用建设的内涵。融资平台,无论是直接组建的投资公司平台,还是商业银行、租赁公司、担保中心、企业促进中心等平台,必须是用地方政府信用直接组织或者间接予以增信的机构。在统筹的专管机构、担保机构、中介机构、结算银行中,统筹的专管机构一般是由当地政府以政府信用牵头,由地方政府和贷款相关政府部门组建;担保机构则是由地方政府建立或者选定,并且监督担保资金必须落实到位;中介机构由国家开发银行、地方政府、信用促进组织和企业选择;结算银行由国家开发银行选择确定。所以,在机构统筹方面处处体现着信用建设推动融资开展的指导思想。在六个机制(经费补偿机制、利率形成机制、担保机制、激励机制、约束机制、风险分担机制)建设方面,更是要在每个具体环节落实信用体系建设以保证融资全过程的顺利进行。

---

① 国家开发银行·中国人民大学联合课题组·开发性金融论纲[M].北京:中国人民大学出版社,2006:98.

第三章

科技型中小企业开发性金融融资模式及信用体系建设模型

第一节 科技型中小企业的融资模式

"重庆模式"和"浙江模式"是开发性金融解决中小企业融资难问题的重要创新。其成功之处在于,各相关方开创性地运用各自权能,在国家法律法规允许的框架内,创新模式,创新制度,协同一致,共同开拓。

为了更好地理解这种模式的精髓,扬其长,避其短,并创造可以批量复制的推广价值,我们有必要详细解剖这种模式,并结合国内外解决科技型中小企业融资难问题的成功经验,对所有参与融资实践的各相关方,尤其是对各相关方的权能和诉求作必要的研究。其中包括,研究各相关方在模式创建中如何运用权能、组合权能,通过信用体系建设,来满足自己以及所有相关方的公益诉求、权益诉求、利益诉求;研究由权能组合而形成的各种可能模式,来创造性地解决科技型中小企业融资难问题,并从中展望我国科技型中小企业融资模式的发展方向。

对此,本书详细分析了开发性金融支持科技型中小企业融资的实际案例,对其中的信用体系建设作了分析探讨,界定了信用体系的相关概念,创建了信用融资体系建设的"四三七"理论模型,并以此为分析工具,对科技型中小企业开发性金融融资信用体系建设进行了研究,为探索以信用体系建设为突破口设计新融资模式打下了理论基础。

一、开发性金融、政策性金融对科技型中小企业融资实践中各相关方的权能及诉求分析

纵览国内外科技型中小企业的融资实践活动,相关的利益方包括:科技型中小企业,地方政府及主管部门如中小企业局,政策性银行等代表中央政府意志的

具有准国家级信用的金融机构,商业银行等金融机构,风险投资机构,社会中介服务组织,市场等。各相关方在对科技型中小企业的融资实践中所拥有的相关权能和诉求分析如下:

(一)科技型中小企业的权能和诉求

科技型中小企业可以发挥的权能有:(1)向债权方进行股权、品牌等质押;(2)期权支付;(3)资产债券化、证券化;(4)支付融资成本和利息;(5)快速发展壮大,以社会效益和经济效益回报所有融资实践参与者。

科技型中小企业的诉求是:增加融资渠道,拓展参与范围,有效解决资金需求,快速实现做大做强。

(二)地方政府的权能和诉求

在科技型中小企业的融资实践中,地方政府可以发挥的权能有:

(1)项目导入权能。地方政府根据国家产业政策和本地区战略发展需要,整合内部资源,选择优化融资平台及科技型中小企业,并使之进入融资程序。

(2)政策支持权能。政策支持权能是地方政府最大的优势。地方政府可以通过地方立法、税收优惠、贴息贷款、财政补贴等形式,对科技型中小企业融资项目从立项、审批,到金融支持及其他措施的具体执行,给予全方位支持,并可根据融资需要进行政策创新、制度建设。

(3)资产支持权能。地方政府可以在资金审批、注入资本金、完善法人治理结构、资产重组、协调企业还贷、推动科技型中小企业向资本市场发展等方面,发挥资产支持权能。

(4)组织增信权能。在经济转型过程中,市场体系不健全和信用缺失是我国面临的突出问题,这些问题直接影响了各投资主体的行为和投融资体制的运转。在我国,政府信用具有高能量、高等级的特点,政府信用是最大的信用,市场信用、企业信用及整个社会信用都可以基于政府信用来推动和发展。银行和政府共同构筑信用基础,达成共识,有利于银行高效地运营,既可防范和化解金融风险,又可支持经济发展。在科技型中小企业的融资活动中,通过地方政府承诺、信用担保等组织增信形式,有效地弥补了我国市场体系建设和投融资体制转轨过程中的市场信用缺失,更好地防范了长期风险。

在科技型中小企业融资活动中,政府的权能是信用建设的基础,融资参与各方借助于地方政府制定规则、参与管理等优势,共同孵化出合格的市场主体,促进科技型中小企业发展壮大,加快市场建设。

地方政府的诉求是:为科技型中小企业寻找金融资源,解决融资难问题;希望有更多手段整合科技型中小企业和资本市场;通过支持科技型中小企业,引领产业发展方向,促进产业结构优化升级;开展政策创新和制度建设,为担保业拓展业务方向,为信托业寻找发展方向,全方位促进地区经济发展等。

(三)开发性金融、政策性金融的权能和诉求

开发性金融的载体,具体到我国是国家开发银行。国家开发银行是由国家拥有,赋权经营,具有准国家级信用,体现政府意志,用建设制度和市场的方法实现政府发展目标的金融机构。

在科技型中小企业的融资实践中,国家开发银行可以发挥的权能有:

(1)资金筹集信贷权能。国家开发银行在资金来源、资金运作方面拥有得到国家特别支持的权能,享有准主权级的国家信用。国家信用是国家开发银行市场化运作的基础,它可以运用国家信用在市场上筹资。这些权能在向科技型中小企业融资中不可或缺。

在科技型中小企业的融资实践中,国家开发银行以融资优势推动着企业的治理结构建设、法人建设、现金流建设和信用建设,构造和孵化出了合格的市场主体。在我国信用体系还很不完善的条件下,国家开发银行在推动信用建设方面发挥了非常重要的作用,促进了市场机制的建设和整个社会经济的发展。

(2)"桥梁"权能。国家开发银行能起到把政府和市场连接起来的桥梁作用。在科技型中小企业的融资实践中,单靠政府的信用是不够的,政府信用需要与市场信用结合起来,相互促进。国家开发银行具有准政府性质,它可以利用资金优势和市场力量,扩大政府的能力,通过市场方式来实施政府政策,引导商业金融和社会资金的流向,把政府的组织优势转变为市场的信用优势。

(3)建制权能。在科技型中小企业的融资实践中,国家开发银行充分运用信用优势、资金优势和管理优势,使用利益和压力的双重手段,培育融资平台机构和科技型中小企业,并进行治理结构建设、法人建设、现金流建设和信用建设。在此过程中,国家开发银行发挥了市场培育、制度建设、信用建设的权能。与一般的商业性金融不同,国家开发银行能够依托和运用国家信用,借助项目建设和制度建设,与地方政府共同培育市场主体,在没有市场的地方建设市场,在市场机制不健全的地方完善市场。通过培育和完善市场主体和市场环境,增强市场信用,国家开发银行真正完成了政府信用向市场信用的转化。这种转化,提升了国家开发银行的市场业绩,是国家开发银行可持续发展的前提。

(4)导向与引领合力权能。所谓的导向与引领合力权能,是指国家开发银行通过提供大额资金支持,贯彻国家经济发展战略,支持科技型中小企业发展和

国家产业结构优化升级。在此过程中,国家开发银行通过融资机制建设、市场制度建设、信用建设,解决了制度瓶颈,培育出了合格的企业,引导商业金融、资本市场资金、社会资金向科技型中小企业开展信贷融资,起到了导向和示范作用。

国家开发银行的诉求是:经营上保本微利;支持国家和地方发展战略;吸引和引导市场金融资源,放大资金效益,通过溢出效应为企业融资开发商业金融市场,为企业寻找市场出口。

（四）融资平台机构的权能和诉求

由于开发性金融不针对具体的科技型中小企业开展信贷融资,所以必须在开发性金融和科技型中小企业之间搭建融资平台机构。融资平台机构可以发挥的权能有:

（1）载体权能。它能将政府的行政职能优势和市场运作的高效率有机结合,以实现投资效益和公司效益最大化的目标,成为政府实施扶持战略的良好载体。

（2）平台权能。作为科技型中小企业的开发性金融融资平台,其具有制度建设、信用建设、市场培育等权能。这些机构可以通过政府支持、金融孵化、公司化运作做强做大,成为实现地方政府支持科技型中小企业发展、拉动经济增长、优化升级产业结构、保证可持续发展战略意图实现的平台。

（3）建设权能。平台机构与政府、国家开发银行共同推进以"治理结构、法人、现金流、信用"为内容的四项建设,既可完成政府建设经济社会的任务,又可实现自身的做强做大。

融资平台机构的诉求是:经营上保本微利;发展上要求自身不断强大;根据政府、国家开发银行和市场要求建章立制,进行政策创新。

（五）市场的权能和诉求

市场可以发挥的权能有:

（1）配置资源的权能。市场天生具有配置资源的权能。科技型中小企业在融资领域具有潜在的市场资质,也具有巨大的价值空间和交易市场。市场机制能够释放、配置和实现科技型中小企业的价值。

（2）制度建设的权能。企业要想利用市场机制的优势,必须建立一系列配套的制度规则,满足市场对企业行为的要求。换个角度说,如果政府和国家开发银行把对科技型中小企业的融资逐渐引导到市场经济的轨道上来,市场就会行使权能引导政府、企业去建立这一套制度。

（3）塑造法人的权能。市场拥有塑造完善合格的法人的权能。通过市场的塑造，企业在市场经济大潮中，学会娴熟运作从入口、建设到出口的全过程，最后与政府信用相分离，做强做大，成为独立的市场法人。

（4）集聚社会资本的权能。市场具有集聚社会资本的权能。市场能够按照市场机制，把科技型中小企业法人建设的各个项目，有效地聚集成体系内的社会资本，其公共品、准公共品的外部性特点将惠及众多产业，并对其他产业产生联动效应，达到促进经济增长、均衡城市发展、改善民生福利的目的。

市场的诉求是：按照以利益取向配置金融资源的机制来调控资金的来源和去向；按照市场主体需求指向来创新机制、组合资源，满足市场各方主体的需求；政府提供公平竞争机制；政府、社会、各个融资主体担负起在信用体系建设中的职责；把成功的融资模式制度化、法制化。

（六）担保公司

在科技型中小企业融资活动中，担保公司可以发挥的权能有：独立担保、联合担保、投资等，它还可以成为科技型中小企业融资的平台。

担保公司的诉求是：尽量安全稳健地获得担保收益；用不完全担保降低风险；加快资金流通速度；避免沉淀风险；增强操作标准化；创新担保模式，争取更多担保市场和机会。

以上信用建设主体是目前在开发性金融对科技型中小企业融资中的主要参与主体。以下各主体是在国外政策性金融、开发性金融以及我国国有商业金融对科技型中小企业融资中出现并起到重大作用的参与者。本研究将其列举出来是为了设计出具有更多参与者、更多资金渠道、更多资产产品形态以及具有收益模式和退出机制的科技型中小企业融资模式。

（七）民间投资者

其权能是：投资。

其诉求是：（1）充足的闲散资金"合法浮出水面"；（2）投资渠道多元化；（3）资源配置最优化和投资效益最大化；（4）较低的投资风险；（5）投资安全稳健。

（八）社会金融资源

1. 风险投资

其权能是：投资，上游融资，辅导规范企业发展等。

其诉求是：偏好高风险、高收益，并实现风险控制下的最高盈利；拓展业务范围和新市场。

2. 信托公司

其权能是：开展信托业务，为科技型中小企业做融资平台。

其诉求是：获利，安全稳健地拓展业务渠道和业务内容。

3. 资本机构

其权能是：为社会大众提供投融资平台，进行资产债券证券化交易，规范辅导企业发展等。

其诉求是：获利。

（九）业界相关者

1. 上下游企业

其权能是：从业务链条和供需关系方面支持上下游科技型中小企业；为科技型中小企业提供担保，具有为科技型中小企业融资提供征信的权能。

其诉求是：在科技型中小企业融资中投资获利，对科技型中小企业进行股权参与、资产并购等。

2. 同行企业

其权能是：从市场占有率、竞争机制方面约束上下游科技型中小企业；为科技型中小企业提供担保权能及征信权能。

其诉求是：在科技型中小企业融资中投资获利，对科技型中小企业进行股权参与、资产并购等。

二、科技型中小企业开发性金融融资模式

结合以上列出的各个利益相关方及其权能，分析中外政策性金融、开发性金融对科技型中小企业的融资模式，可以归纳为以下七种：

1. "政府—科技型中小企业"模式

这是以财政为主的融资体制下的融资模式。政府直接拨款资助科技型中小企业，形成资本金资产。这是完全的政策性金融开发模式。

2. "政府—投资平台—科技型中小企业"模式

这种模式也是政策性金融的融资模式。由政府组成投资机构（部门或公司），直接对科技型中小企业投资，或者责成承担公共管理职能的国有银行履行出纳职责对科技型中小企业贷款，以满足其资金需求。

以上两种模式主要在市场经济发育程度不高、政府主导经济运行的国家采用。由于政府的纵深干预，往往存在社会资源配置效率较低、浪费较为严重的问题；同时，对国家金融体系的发育也产生负面影响，容易导致金融体系发育滞后，

经济结构扭曲。

3. "政府—国家开发银行—融资平台（投资公司、银行、租赁公司等）—科技型中小企业—市场"模式

这是以国家开发银行为主、以财政为辅的融资体制下的科技型中小企业融资模式。这种模式下，政府搭建科技型中小企业的融资平台，政府和国家开发银行共同培育科技型中小企业，并在适当时候将其推向市场，完成建设制度、培育市场、开发市场、多方共赢的任务。这种模式在发达国家及发展中国家都有采用，因为各国都需要政府用公共品建设来弥补市场失灵。尤其是在后发国家，在市场不完备的情况下，需要强有力的政府来带动经济发展，需要利用政府信用来推进市场建设。因此，通过政府的大力扶持，包括政策、信用和金融支持，国家开发银行、投资公司、银行、租赁公司等合力将运作主体建设起来，并进而将一个地区的市场、经济带动起来。

这种模式由政策性金融发展为开发性金融，"重庆模式"、"浙江模式"就是第三种模式。它超越了第一、二种模式偏重于以财政补贴弥补市场失灵的局限性，而以国家信用为基础，以市场业绩为支柱，以市场建设和制度建设相结合的方式来实现政府的发展目标，同时在市场和政府之间发挥桥梁和纽带作用。它以"政策性定位、市场化运作、企业化管理"的特点，在体现政策功能的基础上，创新了机构目标、运作机制和操作手段，实现了国家信用和市场信用的统一，超越了因强调政策性而忽视经济效益和可持续发展的传统模式。

4. "政府—国家开发银行—开发性金融平台资源 + 社会资源（信贷市场资源 + 金融市场资源 + 资本市场资源）—科技型中小企业—市场"模式

这是在第三种模式的基础上，调动各类市场、各方主体的权能与诉求前来参与，将官方、社会、民间的信贷市场、金融市场、资本市场进行有机整合，充分发挥并互补各方主体的权能、优势，通过向科技型中小企业融资共同促成其高成长、高收益目标，以满足各参与方偏好和诉求的新模式。在理论上，它具有兼容开放、变通灵活、协作共建、收益共享的突出特点；在实践上，国内外都在一定程度上进行了实践。它是较理想的创新模式，也是满足"四三七"模型理想标准的模式，理论上它是开发性金融努力的方向和目标。

5. "银行—科技型中小企业—市场—社会"模式

科技型中小企业通过政府增信，经过一段时间的发展壮大后，可以与政府信用分离，作为独立的市场主体自行融入市场机制主导的融资活动。将政府补贴转化为自身充足的现金流来源，融资以自身信用为主，政府进行部分组织增信，

以构成足够的信用保证。在政府和政策性金融的保荐下,商业银行对其信用资本予以认可,并在此基础上开展商业信贷融资。

6."科技型中小企业—市场—社会"模式

这一模式要求科技型中小企业具有现代企业制度要求的完善的法人治理结构,达到标准法人建设要求。科技型中小企业经营产生的持续现金流完全可以覆盖融资,具有完全的市场信用;其良好的经营业绩,使其可以向商业性银行贷款,或者进入资本市场直接融资。

7."政府—市场—科技型中小企业"模式

这是市场经济发达国家采用的模式,以美国、澳大利亚为代表。政府完全按照市场规则与建设主体达成合作,资金主要是通过发行债券筹集。

第三种模式是目前我国开发性金融实施较多的模式,效果较好,但可完善的方面也很多,可拓展空间也很大。

第四种模式是批量化、标准化、区域化解决科技型中小企业融资难问题的首选方案。浙江省地方政府和商业银行合作解决科技型中小企业融资问题的实践正是这种模式,它们的做法给了本书第二部分及第三部分中提出的模式优化和实操设计很大的启发。

后三种模式是市场机制成熟发达的欧美等国家和地区支持科技型中小企业融资的解决方案,其市场具有较强的资源配置和优化能力,是我们学习的方向。但在目前的国情下操作的难度较大,其很难满足我国科技型中小企业巨大的融资需求。

第二节　科技型中小企业开发性金融融资信用体系建设的"四三七"理论模型

本书通过对国内外科技型中小企业开发性金融融资信用体系建设实践的研究,建立了融资信用体系建设的"四三七"理论模型,即包括"信用结构系统、信用量化系统、信用运行系统、信用支持系统"四项内容建设,"威信整合资源机制、守信保障运行机制、公信支撑可持续机制"三个机制建设,以及七项标准的理论模型。"四三七"信用体系建设模型,理论上可保证开发性金融信贷业务的稳健运行和良好收益,支持地方政府实现扶持科技型中小企业发展壮大的战略规划,同时也造福社会民生,实现政府、科技型中小企业、国家开发银行、市场、社会各方共赢的良好效果。

一、信用体系的四项内容建设

（一）信用结构系统

信用结构系统是指由信用的各个主体及其密不可分的权能、行为与结果组成的有机系统。确立这个系统，是为了便于对信用从源头上进行总体把握和系统分析。其主要包括：信用主体与平台、信用权能与作为、信用共建与增进以及信用收益与交换。

1. 信用主体与平台

信用主体是指在科技型中小企业融资项目合作过程中，各信用承担方的总和。政府、科技型中小企业、国家开发银行、中介机构（担保公司、会计师事务所、律师事务所等）、银行、风险投资机构、信托公司等，因其在项目中分担着不同的信用职责，所以都构成信用结构的信用主体。

信用平台是指在科技型中小企业融资项目中，项目本身将各个信用主体连接整合在一起形成的平台。在起始阶段，某些信用主体和信用平台是合一的，正因为有了信用平台才有了信用主体。中小企业信用促进会是科技型中小企业的信用平台；担保协会是各个担保机构"抱团增信"的信用平台；融资领导小组和专管机构是政府和国家开发银行的信用平台。

建设优质的信用平台，寻找并培育整合优秀的信用主体，是国家开发银行开展信用建设首当其冲的任务。因为，信用主体和平台决定了信用存量大小和增量多少，而这些是国家开发银行的业务能否可持续的基础。

2. 信用权能与作为

信用权能是指信用主体确立自我信用的资格、权利和能力。信用权能有刚性的部分如有形资产，也有弹性的部分如商誉、品牌机制、成长性等。弹性部分是自我努力和被增信的结果，可以固化成刚性的一部分。

信用作为是指信用主体运用其信用权能发挥的作用，如国家开发银行运用其准国家级信用整合资源、建设制度、创新政策、引导商业金融、开辟市场出口；担保公司主导"抱团增信"；信托公司以其信用创新为科技型中小企业发债融资等。这是一种对权能实然性的规定，是行使权能过程中自为自建并与相关方共为共建的结果。

信用主体拥有权能是自然的，能否行使权能并有所作为是或然的，而信用作为是实然的。形象地说，这是一个信用主体对其信用资源"该不该"、"愿不愿"、

"去不去"运作的描述。

3. 信用共建与增进

信用共建是指信用从一种社会关系成为一种配置资源、增值财富的制度基础。信用天生就具有协调共进、对立统一的特性,是对等与相互的,需要各个信用主体共同建设、共同促进。科技型中小企业融资项目中,政府、企业、国家开发银行、市场、社会作为信用主体,无论从微观上还是宏观上,都是信用共建体。政府和国家开发银行要主导信用建设;科技型中小企业是信用建设的目标客户和最大受益者;担保业、信托业通过信用共建,合作开发金融资源、市场资源,创新业务产品,开辟业务渠道,获得更好的发展前景。同时,也只有信用共建才能增进信用和信任,从而优势互补、创新权能、通力合作,使融资项目顺利运行并达到共赢。

信用增进是信用共建的作用和方向之一,就是将彼此的信用不断增进、提升,转化为信用资本和最终收益,为项目顺利运行和多赢创造条件,最终达到共享科技型中小企业高收益成果的目的。信用增进可以是自上而下的,如政府对科技型中小企业融资提供推荐或担保支持的增信行为,国家开发银行对融资平台的增信行为;可以是平行的,如担保公司的联保互保增信,同行业科技型中小企业的互保增信;可以是自下而上的,如业务上下游企业之间的联保互保增信活动;可以是即期即时对远期未来的增信,如创业期科技型中小企业对自己成长期、成熟期价值预估实现的增信;可以是远期未来对即期即时的增信,如企业以股权作质押获得信用、以订单来增信、以商标作质押的期权释放增信行为;既可以自我增信,也可以捆在一起增信;等等。从增信的载体、主体到增信的方式、方法,变化丰富,多种多样。

4. 信用收益与交换

信用作为一种配置资源、增值财富的内导性机制,必然会外化成利益和价值,以此推动信用所支持的财富创造过程,回报所有信用建设的参与者。这种外化成的利益和价值就是信用收益。从最终结果上说,一旦科技型中小企业获得资金支持后快速形成其高成长、高收益的价值,大量释放经营利润,那么所有信用建设的参与者都可以共享这种收益。政府和国家开发银行就是通过"四个建设"使所有恪守信用的融资参与者都可满足利益、权益等诉求,使创造财富、分配财富的过程因为有促动力而得以持续发展,使财富增值和信用收益形成健康的循环、正向的互动,这正是信用建设追求的目标。

价值交换是市场经济的主要原则。信用带来的价值收益在不断交换中才能扩大和增值,信用交换的实质是价值的交换和利益的交换,其目的和结果是价值的再创造和利益的再实现。你守信,我守信,大家都守信;你帮我增信,我帮你增信,大家都获得信用增级,则可以聚集更多资源,大大降低交易成本,从而交易提速,收益扩大,合作扩展并可持续。良好的信用交换机制和过程,是项目顺利推进的润滑剂,是信用增进提升的动力和基础。

（二）信用量化系统

信用量化系统是为便于将信用应用于具体融资项目中,而对信用结构诸要素的信用品质进行量化评价分析,以便衡量信用、判断信用、保障信用和应用信用。其可分为:信用存量与增量、信用能量与品质、信用风险与分担以及信用定级与应用。

1. 信用存量与增量

信用存量是指信用结构中各个信用主体根据信用评价指标测算的既有信用量的总和,可用来定位信用主体目前的信用状态。信用存量的大小决定信用的大小。结合信用主体的存量,分析增量和质量,是决定信用合作的基础。例如,政府和国家开发银行因行政背景和资金实力而具有强大的信用存量;科技型中小企业虽然具有较小的信用存量,但具有巨大的增量空间和质量等级,未来会产生巨大的信用存量,因此对其扶持是值得的。

信用增量是指信用主体潜在的可以激发或发掘出来的信用额度,是用来描述信用主体远景的信用品质、信用潜力。信用增量是信用主体信心的重要来源,是判断未来信用收益的重要指标,是开展信用合作的重要基础。

一个项目本身拥有多少信用存量？打捆在一起有多少存量？再与政府组合又会有多少存量？能产生多少增量？一个企业有多少信用存量？与其他企业组合后,存量和增量又会怎么样？目前,国内外通过资本市场杠杆、信托、资产票据及证券化等实践正在不断丰富对信用灵活多样、构思巧妙的增值手段,这些探索和实践将对通过信用体系建设解决科技型中小企业融资难问题具有很大的启发意义。

2. 信用能量与品质

如果说信用存量与增量是从数量上对信用的界定,那么信用能量与品质就是从质量上对信用的界定。

信用能量是指信用主体所蕴含的信用存量权威性、主导性等品质能力。政府是高能量的信用主体,相对而言,个体是低能量的信用主体。各个信用相关方组成信用链条,信用链条上游的主体往往是高能量的主体,下游更多的是低能量的主体。例如,在重大产业建设项目中,"国家开发银行—地方政府—科技型中小企业—中介服务机构"组成信用链,国家开发银行具有准国家级信用,和地方政府信用一样具有高能量性。地方政府通过担保等形式,给融资平台机构或担保机构增信,增加它们的信用能量和信用品质。

信用品质是指信用主体对其信用品质保持的完整性、一致性、连续性、合作性和增值性的状况。它是信用增进和共建的保证,是信用收益可持续发展的源泉,是增值信用存量的关键,决定信用作为的大小。无论是信用主体还是信用载体,能否将优异的信用品质保持为常态,是至关重要的。一般来说,政府和准国家级信用主体作为执行者相对容易大有作为,但它们是引导者、启动者,不是长期的"运动员",引导启动的目的在于成功退出。"一事一议"不是长久之计与解决之道。而其他信用主体的信用品质只有靠市场机制、市场制度的建设才能产生长效机制,克服其短视、短期行为取向。所以,只有建立并完成"政府入口—市场出口"的信用循环,才能真正实现融资主体信用品质的保证,才能有望根本解决科技型中小企业的融资难问题。

3. 信用风险与分担

信用风险是指能使信用丧失、信用主体受损的方方面面的可能性。它是评价信用品质、判断信用程度的负向指标。其大小、类型、时期、连锁性等都是信用判断和评估必须考核的指标,各种风险都是必须要防范的。在"重庆模式"和"浙江模式"中,当地政府和国家开发银行正是站在风险控制和约束的角度,不断建立、创新风险控制机制;国家开发银行进行"四个建设",在评贷和支付环节的控制,对招投标、监理的管理,以及现场检查、进度核对、现金流监控、不定时的各种监察稽核等,都是对信用风险的判断和对风险的防范。

信用分担是指信用风险的分担和代偿的渠道、措施和方案,是信用建设不可或缺的保证。建立质押账户、财政承诺补贴、股权质押、设备品牌质押等都是信用风险分担的措施。

4. 信用定级与应用

信用定级是根据以上信用标准来判断和划定信用级别,或对信用主体所达到的信用建设阶段进行界定。增进等级是信用主体追求的目标。确立等级制度,可以使信用主体明了自己所处的信用境况,为信用主体指明努力的方向和建设的内容。

信用应用是针对划定的信用等级,对信用主体所制定的资源配置和收益分享的方案及实施措施。政府是高能量的信用主体,如被放空则是巨大的浪费。

通过设计融资相关方增信共建模式,将政府的信用转化为企业的信用和市场的信用,这方面"重庆模式"、"浙江模式"进行了有益的尝试,取得了丰硕的成果。

(三) 信用运行系统

信用建设贯穿整个项目,它如影随形、自始至终地内导、支撑并左右着项目的运行过程,项目运行的过程也是信用运行的过程。信用运行系统包括:信用征集与确证、信用整合与产能以及信用升级与溢出。

1. 信用征集与确证

在整个项目的启动、运行和完成的所有环节,各个信用主体时刻都在对相关方的信用存量和增量、能量和品质、风险和分担等信息进行征集和评估,并用事实进行确证,用协议制度进行保证。在利益和风险的比较、权衡中,确定自己下一步的行为走向。所以,信用主体信用信息的连续征集和评估,既决定着项目能否启动,又决定着项目能否进行下去、项目运行是否顺利、项目的路径走向以及项目的结局或结果。从一定角度上说,整个项目的运行过程就是不断衡量、考量各方是否守信的过程,这在项目的启动、运行直至项目完成的各个阶段都是如此,并直接决定着项目能否继续合作。

对科技型中小企业的信用评价,要根据科技型中小企业的资产状况和成长特点,坚持"信用本位"的原则,着重科技型中小企业的现金流分析而不是有形资产分析,注重未来而不是单单专注当前资产状况,重视创新性和发展空间的价值等,完全按照传统的有形的"资产本位"的做法是不妥的。坚持"信用本位"主要体现在两个方面:一是实事求是地设计针对科技型中小企业特点的信用指标体系;二是注重成长性的加权评价方法。

所以,在科技型中小企业的信用指标的设立和权重的设计上,衡量企业基本素质指标方面,企业规模的权重要适当降低,因为很多科技型中小企业的规模不大但产能大,且管理团队的素质和水平考量应放在第一位;偿债能力指标方面,要重视流动比率和速动比率;现金流指标方面,要侧重现金流负债比率、经营活动中的现金流量增长率和现金利息保障倍数;盈利能力指标方面,要强调净资产收益率、总资产收益率和销售利润率;营运能力指标方面,要强调应收账款周转率;创新能力指标方面,要强调研发费用收入比率、专职研发人员比率等;成长性指标方面,要强调销售增长率、净利润增长率和净资产增长率;履约指标方面,要以利息按期偿还率为主。此外,还应建立行业成长性指标、主要客户的行业及品牌价值指标、上下游关联企业信用联保价值指标、行业协会联保价值指标等。最终达到全面客观、实事求是地描述科技型中小企业真实信用价值的目的,为信贷融资打下基础。

2. 信用整合与产能

信用整合是指根据参与信用建设各方的产出功效而将各种信用权能协同统筹。信用整合需要睿智、技巧和耐心。在成熟的市场经济条件下,看不见的手根据利益最大化、效能最优化的法则进行自动整合。而在市场发育还不健全的情况下,需要信用主体主动运作,尤其在合作初期,各种制度、机制、规则还没有充分建立的情况下更是如此。

在信用载体建立起来之后,国家信用、地方政府信用、准国家信用会成功地培育出具有市场独立运作能力的企业法人,即成为被"四个建设"良好塑造的企业,从而形成信用整合的第一阶段成果。之后,这些独立的企业法人,如同精心培育出来的良种,以自己良好的信用资源为凝结核,以市场机制进行新的信用整合,聚合资源,做大做强。国家开发银行及由其孵化成功的企业,都完成了这一跨越,这就是信用发挥的功效。而且在新的整合中,信用可能产生更大质变的功效,从而更好地推动社会、经济的不断发展。

信用产能是通过信用整合使信用资源充分发挥功效,转化为信用收益,形成回报信用建设参与者的各种权益与利益。如同势能变成动能、热能变成机械能、生物能变成化学能一样,需要在各信用主体之间建立起转化的机制,这样才能产生信用收益。这些都是信用建设的要点。

3. 信用升级与溢出

信用升级是指信用在被不断地补充能量、增加内涵、提升品质后,就会跃迁到一个较高的层级,发挥更高效能,取得更多收益。这种跃迁需要严格的前提,但跃迁后会产生更高的信用能量。例如,"重庆模式"中,科技型中小企业每次若按信用考核指标完整履约则信用提升一级,而信用每升一级则信用等级贷款优惠2%。[1]

信用溢出是指信用主体创造条件使信用通过引申、拓展、外溢等方式获得或者衍生出更多的富有创新性的效益和功能,形成更大、更新的信用收益,更好地惠及各方信用主体。例如,获得风险投资的资格,获得资产债券化、证券化的资格,获得二级柜台交易的资格等。取得高级信用级别后的信用除可获得更多授信资格外,还可以为其他企业担保从而获得额外收益,或者获得提高企业的知名度、美誉度、文明度等各种好处。

---

[1] 国家开发银行·中国人民大学联合课题组.开发性金融论纲[M].北京:中国人民大学出版社,2006:128.

（四）信用支持系统

信用支持系统是信用运行的外围保证和管理系统。其由以下内容构成:信用观念与文化、信用约束与激励、信用管理与创新以及信用可持续发展。

1. 信用观念与文化

信用观念是指信用主体对信用的作用、意义、权能等是否理解、理解的程度和所持的态度等。市场经济从道德角度看就是信用经济。信用观念的缺失和淡薄使市场交易增加了成本，降低了效率，会极大地阻碍市场经济的发展。

信用文化是信用观念被集体接受并强化为集体记忆和共同行为导向的文化符号。信用文化建设是社会文化建设的重要内容，信用文化的成功建设将成为一个社会经济发展重要的核心竞争力。

2. 信用约束与激励

信用约束是指对信用主体的信用行为进行强有力的规范的力量。它可以分为法律层面、政府层面、市场层面、道德层面的约束。法律层面就是国家以各种法律形式规定的权责关系，如会计制度、《合同法》等。政府层面是指政府制定的各种政策等的约束。市场层面是指市场力量产生的信用约束，市场参与者若违反市场"游戏规则"，将受到市场力量的惩罚。市场发育健全时，市场惩罚就充分而有效；市场机制不发达时，就需要政府来约束，以补充市场惩罚的不足。道德层面是指从文化和道德角度来约束和惩罚。企业失信，合作方就会与企业法人、法人代表、管理者"断交"，这就是道德惩罚。

信用激励就是对践行"诚信为本、恪守信用"的信用主体的正向鼓励。"重庆模式"中就包含财政贴息、2%优惠利率、信誉提级公示等信用激励措施，以及过程警示、利率下浮、停止贷款、公开谴责、资格取消等信用约束机制。[①]

3. 信用管理与创新

信用管理既是对信用运行过程的管理，也包括信用过程结束后的"售后服务"和"存续建设"的管理，目的是为下一步的业务开拓建立可持续的信用支持。如以"业务推动、风险控制、稽核监督"三线并行的信贷管理体制，从制度上隔离风险，实行审贷分离、专家评审和贷款评审委员会制度，严把风险入口关，以及强化贷后管理、严控下游风险等都是信用管理的内容。

信用创新是与信用主体的权能创新相关联的，也是互相满足对方信用需求的过程，是信用升级和可持续的基础和前提。信用创新的载体是丰富的，创新手

---

① 国家开发银行·中国人民大学联合课题组.开发性金融论纲[M].北京:中国人民大学出版社，2006:128.

段是多样的,但创新的目的只有一个:合作共赢。

4. 信用可持续发展

信用可持续发展是信用主体共同建设信用的重要目标之一。它支持的是发展的可持续、收益的可持续、运行的可持续。

上述信用体系建设内容的确立,为研究"重庆模式"、"浙江模式"以及国内新近创新的科技型中小企业融资案例中的信用体系建设提供了理论框架。

二、信用体系的三个机制建设

建设信用体系四项内容的目的和效果,体现在科技型中小企业在开发性金融融资活动的三个阶段之中。

(1) 融资启动时——威信整合资源机制。融资过程需要一个具有相对权威的信用主体作为整合者,为信用融资牵头,开展对各个信用主体的整合。信用体系建设的作用是整合、凝聚各类对科技型中小企业融资既有权能又有诉求的各方资源,信用融资整合机制是保证能够启动信用融资的动力,是信用融资的起点,是第一推动力。

(2) 实施运行时——守信保障运行机制。信用融资是一个过程,为保证信用融资过程的顺利运行,各个融资信用主体方必须有一个守信的机制来保证过程中各方对信用的遵守,这就是守信保障运行机制。信用体系建设的作用是协同促进、监督检查参与各方立信守信,按制度、规则、协议办事,协调、化解项目实施环节中项目各主体的利益冲突,使融资过程按程序顺利推进。这是使信用融资不半途而废的重要机制。

(3) 项目结转时——公信支撑可持续机制。把一个顺利完成的信用融资项目变成一种不断优化升级的信用融资活动,需要一个可持续的信用机制,这就是公信支撑可持续机制。信用体系建设的作用是保证项目各方诉求按约定得到足额兑现,使"四个建设"圆满完成,完成"市场出口"的设计,而且各方有继续深度广度合作的意向,达到信贷可持续发展的效果。

因此,信用体系建设要建立起以信用建设为切入点,保证融资全程顺利运行并奠定继续合作基础的三个机制:威信整合资源机制、守信保障运行机制和公信支撑可持续机制。

1. 威信整合资源机制

这是在融资过程启动和前期需要进行的信用机制建设,每个信用主体都要以自己的资质、资格、资本、信用、信义和权益诉求来聚集。政府和开发性金融更要利用自己的地方政府权威和信用、准国家级信用、资金优势、公共产品提供者的使命和责任来担当主导者,来整合凝聚各方资源,建设各种保证守信、约束违约的做法和机制,在设计好的各方都认可的游戏规则下启动和运行融资项目。这种机制包括:政府引导资金的增信及放大机制;国家开发银行主导建设的征信评信机制;对科技型中小企业采取信用同质均衡集合的信用集合打包融资机制;通过政府增信建立债券信托化以吸引社会投资人、机构投资者、风险投资人的信用收益凝聚机制;根据科技型中小企业资信等级建立的分级信托机制;收益风险的差异化对等机制;担保机构的不完全担保机制;科技型中小企业分类型、分级别信用指标体系特色化设计机制等。通过威信整合机制可以把各方权能整合起来,从而把各方诉求和偏好保证起来。

2. 守信保障运行机制

融资实施的过程是保证设计的一系列规则分阶段被各方信守的过程,这个阶段需要定期监控信用遵守情况并作出评估判断,并根据判断结果采取守信激励、失信惩罚的措施。守信保障运行机制包括:守信激励机制、失信惩罚机制、失信代偿机制、同业横向信用联保过程控制机制、产业链纵向信用互保过程控制机制、关联企业失信股权并购机制以及科技型中小企业回报构成多样化选择机制等。

3. 公信支撑可持续机制

这是由以"政府威信"主导的信用体系建设向以"市场公信"主导的信用体系建设转型的机制建设。以前期信用建设成就开展市场经济要求下的塑造信用制度建设、信用文化建设、信用机制建设、治理结构建设、信用质量评级建设等,完成"市场出口"的使命,使信用建设进入一个市场主导、政府引导,融资各方以公信做内在支撑的可持续发展轨道。

三、信用体系建设的七项标准

科技型中小企业融资信用体系建设的效果是需要考量、衡量的。所以需要建立一套标准,这套标准既是信用建设的目的指标,又是对信用建设做得如何的考量指标。本书设计如下七项标准组成信用体系建设的标准体系:

(1) 信用保证要素同质化科技型中小企业批量选拔、入围。

(2) 特色信用征评和资产评级指标体系。

(3) 威信主体主导下的资源整合能力。

(4) 完备高效的信用运行机制。

（5）以企业商誉形成信用资本，并成为商业金融、资本机构的目标客户。

（6）期权释放、证券化信用收益和交换机制。

（7）多元化的担保主体、方式和收益。

具体分析如下：

1. 信用保证要素同质化科技型中小企业批量选拔、入围

通过对科技型中小企业进行信用保证要素同质化分类，将分类后的科技型中小企业集合打包融资，实现批量化选择、标准化运作、低成本融资。

一般信贷具有"一对一"的特点，这很难满足大批量科技型中小企业的融资需求，不同质的科技型中小企业有不同等级的信用，将科技型中小企业根据产业领域、资产规模、违约风险等要素进行同质分类，把同质化的科技型中小企业组成一组，集合信用打包后批量化"抱团融资"，以便开展从选择到评审、放贷、监管、回收整个信贷过程的标准化运作。这种做法的好处是：（1）每个组中各个企业的风险不同，融合在一起就大大降低了整体信用风险；（2）每个科技型中小企业分摊融资费用，使融资成本大大降低；（3）这种设计可以很好地吸引不同风险偏好、不同诉求、不同投资领域的投资者；（4）为下一步不同金融产品的设计和发售奠定基础。所以，这种根据信用情况对科技型中小企业进行同质化分类的做法，为实现批量、标准、低成本解决科技型中小企业融资难问题迈出了第一步。

2. 特色信用征评和资产评级指标体系

要根据科技型中小企业的所处行业、地域和客户等特点，组建能因地制宜、全面翔实、公正客观的征信渠道。再根据科技型中小企业高成长、高收益、高风险的特点，结合科技型中小企业不同生命周期发展阶段的融资需求，设计符合科技型中小企业实际情况的信用评价指标体系。对科技型中小企业的信用评价不能沿用传统的以有形资产为主要信用评价指标的做法，而需要将用来融资的资产按照科技型中小企业的特点进行评级，确定失信违约率、实际违约率、违约资产损失率、信用增级状况，通过定量化的信用内容建设，保证诚信公正地对待科技型中小企业的资产债券化的评级、定价工作，充分保证各方投资者的权益，保证融资模式的信用含金量，保证可复制、可批量、可持续地为科技型中小企业开展融资。

3. 威信主体主导下的资源整合能力

以政府和国家开发银行的权威信用做主导，整合尽量多的金融市场、资本市场、信贷市场、社会服务机构等资源共同参与到科技型中小企业的融资中来，以制度、机制创新对参与方的权能及优势善加整合成为融资要素，构建整体的、多

元的价值链,满足各方诉求。威信主导者起到的是组织信用融资的关键角色,政府或者国家开发银行当然可以担当,其他与信用融资相关的主体,只要实力足够强大、信用足够可信,也都可以担当威信主导者的角色。

科技型中小企业的融资渠道多元化、融资方式市场化是未来的发展方向。政府和国家开发银行将用有形的手弥补市场空白,最终通过市场出口吸引市场资源,实现资源的最有效配置,从而从体制上根本解决科技型中小企业的融资难问题。

政府、开发性金融调动市场力量,以信用建设为切入点,以满足各参与方诉求为凝聚力和号召力,以制度创新机制来整合各个信用主体,发挥它们的权能优势。各参与方包括财政资金、商业银行、证券、信托、风险投资等金融资金,以及民间资金、担保资金等,它们共同为科技型中小企业提供融资支持。政府和开发性金融可以直接投资,也可以购买该融资模式设计的金融产品来发挥其引导、扶持、放大资金的作用。如果再进行债券信托化设计,则可以迅速收回资金并继续循环使用,达到提高使用效率、增强扶持力度、强化引导效果的目的。

信托业:目前我国信托业的发展处在起步阶段。参与到中央政府和国家开发银行引导的科技型中小企业融资实践中来(国家开发银行对科技型中小企业的融资模式的拓展也需要信托公司这样一个角色),是信托业的发展机会。因此,以科技型中小企业开发性金融融资为契机,更多地进行银行、投资机构的贷款信托化,进而借助股权的信托化,参与到资本市场中去,扩大科技型中小企业的投融资市场。

担保业:担保业参与到科技型中小企业融资系统中来,对摆脱传统担保业资金流动性差、风险大、角色被动的问题,寻找新的业务方向和利润增长点,放大资本金,降低担保风险等都有积极的意义。当融资经证券化被投资者认购后,担保公司可以收回资金参与到下一轮的业务中去。

风险投资:风险投资对科技型中小企业高成长、高风险、高收益的资产特点是有偏好的。只要能确认政府、国家开发银行对申请融资的科技型中小企业进行了以成长性、发展前景和风险收益等为标准的筛选,对风险投资来说就降低了投资风险,同时也会使风险投资机构更积极地加入政府和国家开发银行对科技型中小企业的融资扶持中来。

民间资本:近年来,中国的民间资本相对充裕,投资欲望强烈。传统的民间资本青睐的证券市场和房地产市场具有不成熟与不稳定的风险,尤其是全球性金融危机爆发后,风险加大,发展前景更加不明。面对高风险、高回报的科技型中小企业,民间资本是又爱又怕。如果有政府资金注入,担保公司担保,风险投资者进入,风险得到控制和分担,则民间资本就有了投资科技型中小企业的热情。因此,合法的投资渠道、有效的风险控制、多样化的融资产品投向、合理的投资收益、可靠的退出机制等是吸引民间资本投入到科技型中小企业融资中的关键。

商业银行:对于经过国家开发银行孵化与"四个建设"塑造的科技型中小企业,其信用资本日益雄厚,偿债能力得到加强。这时国家开发银行进行市场出口的运作,商业银行也可以被吸引加入到对科技型中小企业直接开展信贷融资中来。同时,当政府和国家开发银行引进信托资金,以及风险投资和民间资本进入对科技型中小企业的融资实践后,在有效的风险控制和合理收益的吸引下,商业银行会有热情通过设计发行针对中小企业的理财产品,真正参与到对科技型中小企业的融资支持中来。

政府与国家开发银行以威信将各方聚集起来,以信用做指导予以权能整合,设计风险收益匹配机制,以产品资产组合降低风险,以多重选择满足参与者权益差异化的诉求和偏好。不同参与者有不同的风险敏感度,也有不同的收益值,风险敏感度高的参与者匹配利润收益值低的产品,风险敏感度低的参与者匹配利润收益值高的产品,使不同资产风险类型的科技型中小企业都可以找到相应的风险收益相匹配的投资者。这样既解决了资金来源问题,又解决了融资门槛问题。

能否通过信用建设,以信用保障各方的权益和利益,把各方聚集起来并合力推动融资过程顺利进行,是检验信用体系建设效果的重要指标。

4. 完备高效的信用运行机制

信用体系建设能否保证主导方做好"过程守信"管理,是衡量信用体系建设成效的重要指标。为保证信用在整合融资过程中起到善始善终保驾护航的作用,需要建立起保证信用运行系统的补偿机制、利率形成机制、担保机制、激励机制、约束机制和风险分担机制。

建立起对科技型中小企业连续的信用征集评价体系,首先必须建立过程监控、守信激励等完备的守信约束与激励机制,同时还要有失信防范与代偿机制,以做到守信则激励、褒奖,失信则惩罚、代偿。

5. 以企业商誉形成信用资本,并成为商业金融、资本机构的目标客户

经过开发性金融融资过程的孵化洗礼,企业的综合商誉得到提高,就能形成可以折算成资本用于市场机制主导下的交易与合作的信用资本,并且有资格成

为商业金融、资本机构等的目标客户。"扶上马,送一程",走出"市场出口""毕业"后,科技型中小企业能否成为市场大潮的弄潮儿,是检验信用体系建设成功与否的重要指标。

6. 期权释放、证券化信用收益和交换机制

以科学的方法和诚信的态度,在科学评定资产质量、信用质量、违约信用风险的前提下,科技型中小企业可通过释放期权进行资产证券化融资。这里的关键是设计风险收益匹配模型和机制,并通过资产组合降低风险,以多重选择满足参与者权益差异化的诉求和偏好,从而吸引更多投资者,形成在金融衍生产品层面上的信用收益与交换机制,将科技型中小企业融资从信贷市场推进到资本市场,这对吸收更广泛的金融资源、拓展更开阔的运作空间意义重大。这种设计需要有适合的信用收益和交换机制做保证。

另外,通过预先约定的股权释放条件,无论科技型中小企业还款时是否出现问题,都可以设计股权回报或者补偿,这样除获得稳定的即期收益外,还降低了风险,增加了投资者的中长期收益。

因此,通过资产债券化、债券证券化,金融产品的种类和收益结构得到拓展,为科技型中小企业融资打通了进入资本市场的通道,科技型中小企业的融资拥有了更开阔、更便于发挥的空间。

这种设计是本书第二部分中要论及的新模式的重要内容和特点。新模式的建立需要有合适的信用收益和交换机制做保证,这项工作运转与完成的情况是衡量信用体系建设质量的标准。

7. 多元化的担保主体、方式和收益

担保是信用保证最直接的方式,也是最基本的手段。所以一个信用体系建设的好与不好,担保人能否确保有实力、有办法守信是重要的衡量标准。

根据收益人等级来设计不同的担保方式,可有效降低违约信用风险;可为最直接的信用保证人、失信代偿者等担保机构设计完全担保、不完全担保、反担保、联合担保等常规方式;还需设计尽量多的风险分担渠道组合,如上下游业界关联者担保与同业担保的组合、融资平台的抵押质押担保与科技型中小企业资产反担保的组合等,从而起到既降低担保风险、又开拓业务领域的作用。

一般来说,只要科技型中小企业确有价值,总有专业的担保公司或者上下游、同行关联企业,或其他资本机构为其担保。风险减少了,信用提高了,产品丰富了,机制灵活了,就可以吸引商业银行、风险投资、民间资金等进来。

信托介入资产证券化运作后,增加了资金流动,减少了资金沉淀,担保公司

可以更好、更快地服务于科技型中小企业的融资业务。

以上就是本书创建的信用体系建设的"四三七"理论模型。这个模型包括内容、机制和标准三部分。

模型的内在逻辑是：融资信用建设必须要有建设内容，即"内容建设"；建设这些内容是要在整个融资过程中发挥作用的，所以要探究其在整个融资过程中怎么才能发挥作用，即"机制建设"；信用按照机制发挥作用的效果，需要一套衡量标准去考量，即"标准建设"。这三部分结合在一起可以成为研究、考量信用体系在开发性金融对科技型中小企业融资中的信用体系建设情况的基本理论模型。

本书将把此模型作为分析工具，进一步分析"重庆模式"、"浙江模式"，通过借鉴重庆市、浙江省通过担保公司和信托公司为科技型中小企业开展融资的成功实践，以及国外开发性金融对科技型中小企业的成功做法，构建出基于借鉴开发性金融融资原理的信用体系建设支持下的科技型中小企业融资的新模式，并对为科技型中小企业融资保驾护航的信用体系建设做出新的设计。

第四章

"重庆模式"、"浙江模式"及其信用体系建设分析

为支持科技型中小企业的发展壮大,开发性金融自2005年开展了支持科技型中小企业的尝试,成功地创建了"重庆模式"和"浙江模式"。这不但解决了当地科技型中小企业对资金需求的燃眉之急,也为融资信用体系的研究提供了鲜活的实证。

第一节 "重庆模式"[①]及其信用体系建设

"重庆模式"是国家开发银行创建的"四位一体"新模式。所谓"四位一体","四位"是指银行(国家开发银行和当地商业银行)、政府、社会中介机构和申请贷款的中小企业,"一体"是指国家开发银行向中小企业发放贷款主要依靠区(市)县政府主管部门、中小商业金融机构和社会力量(包括评议员、担保机构、信用促进会、会计师事务所)提供帮助来共同完成。

区(市)县政府先成立中小企业贷款领导小组、中小企业贷款专管办公室和中小企业信用促进会,凡是申请贷款的中小企业必须先加入信用促进会,将资产状况、信用记录和财务数据如实上报。经政府组织专家评议委员会评议,确定贷款企业,再上报国家开发银行进行信用评估,通过后委托商业银行经办。担保中心向国家开发银行缴纳保证金,并按照1∶5的比例进行贷款。具体步骤如下:

(1) 签署协议。国家开发银行与区(市)县政府签订中小企业贷款合作协

---

① 国家开发银行·中国人民大学联合课题组.开发性金融论纲[M].北京:中国人民大学出版社,2006:127.

议,明确双方的合作意向、合作领域、合作项目和合作额度,规定制度建设的内容与要求,约定双方的权利和义务。

(2) 建立信用平台。由国家开发银行指导、区(市)县政府倡导,发起成立中小企业信用促进会,如图 4-1 所示。

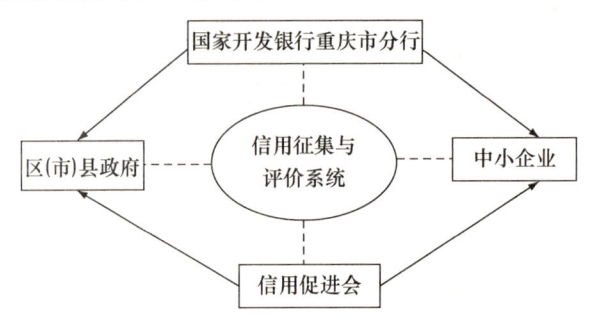

图 4-1　国家开发银行重庆市分行信用征集与评价系统①

(3) 建立融资平台。国家开发银行指导区(市)县政府搭建融资平台,包括领导小组、专管机构、担保机构、评议小组、会计师事务所和结算经办银行,如图 4-2 所示。

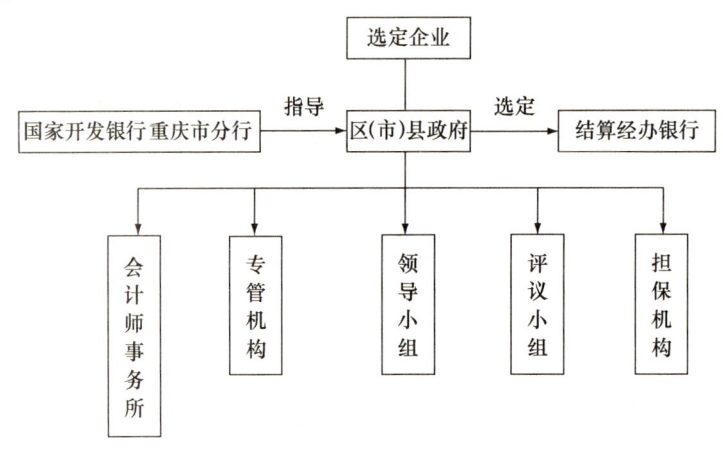

图 4-2　国家开发银行重庆市分行为中小企业搭建融资平台②

(4) 贷款运作。主要流程如图 4-3 所示。

---

① 国家开发银行·中国人民大学联合课题组.开发性金融论纲[M].北京:中国人民大学出版社,2006:133.

② 同上。

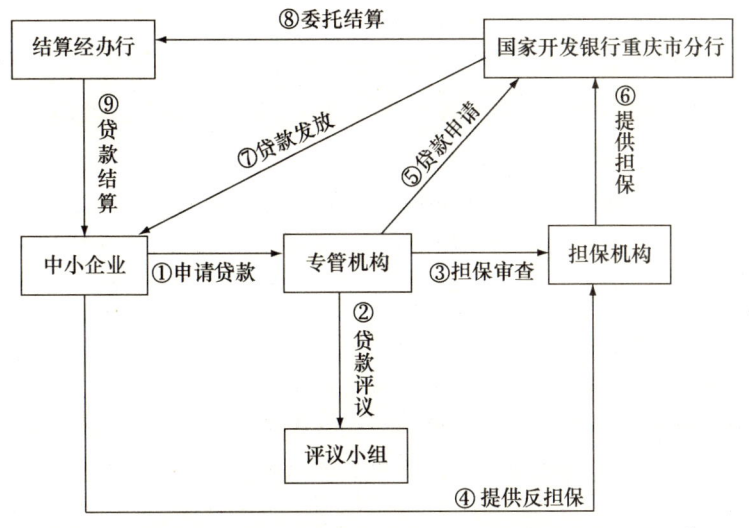

图 4-3　国家开发银行重庆市分行对中小企业的贷款运作流程①

（5）信用建设。主要流程如图 4-4 所示。

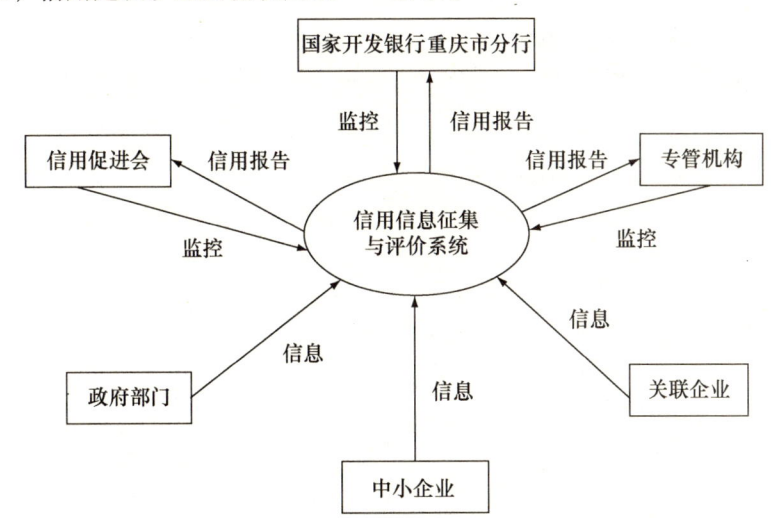

图 4-4　国家开发银行重庆市分行对中小企业的信用建设流程②

"重庆模式"的融资效果是：154 家中小企业到期贷款本息 100% 收回；企业销售收入增长 45%—115.3%；利润增长 29.4%—133.1%；建立了完整、配套、行之有效的以征信评信系统为基础的信用制度、信用机制和信用文化体系；完成

---

① 国家开发银行·中国人民大学联合课题组.开发性金融论纲[M].北京：中国人民大学出版社，2006：134.

② 同上。

了以区县担保基金为主体的担保体系建设。[①]

"重庆模式"的信用制度和机制建设情况如下：

（1）经费补偿机制。国家开发银行按照专管机构经办贷款额的一定比例支付委托费，用作专管机构经费补充，规定一部分用作评议员的咨询费。

（2）利率形成机制。国家开发银行在测算筹资成本、贷款费用、资产回报率、客户信用等级、贷款额度和期间风险后，按照充分体现政策性的原则，进行贷款定价，确定贷款利率。

（3）担保机制。国家开发银行出资成立担保机构，担保金存入国家开发银行。初期按照 1—5 倍放大贷款，以后视贷款运行和守信情况作动态调整。同时，国家开发银行鼓励科技型中小企业开展互助性担保，也可视企业成长情况接受企业提供的抵押、质押和第三方担保等灵活措施。

（4）激励机制。包括财政贴息、信用等级升高、优惠 2% 贷款利息、信誉升级等。

（5）约束机制。包括出现道德风险予以警示、信用降低一级、利率上浮 2%、停止贷款、公开谴责、取消资格等。

（6）风险分担机制。国家开发银行与区（市）县政府共同承担贷款最终损失，发生不良贷款经追索借款企业和担保机构后，仍未偿还部分由国家开发银行承担 70%—90%，市区县政府承担 10%—30%。

征信评信系统建设，如图 4-5 和图 4-6 所示。

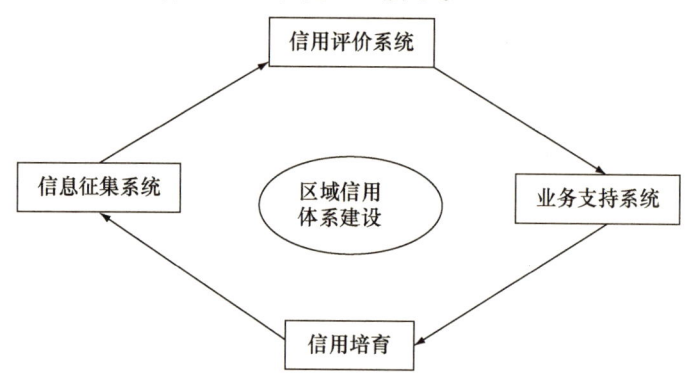

图 4-5　国家开发银行重庆市分行中小企业信用信息征集与评价系统定位[②]

[①]　国家开发银行·中国人民大学联合课题组.开发性金融论纲[M].北京:中国人民大学出版社, 2006:131.

[②]　同上书,第136页.

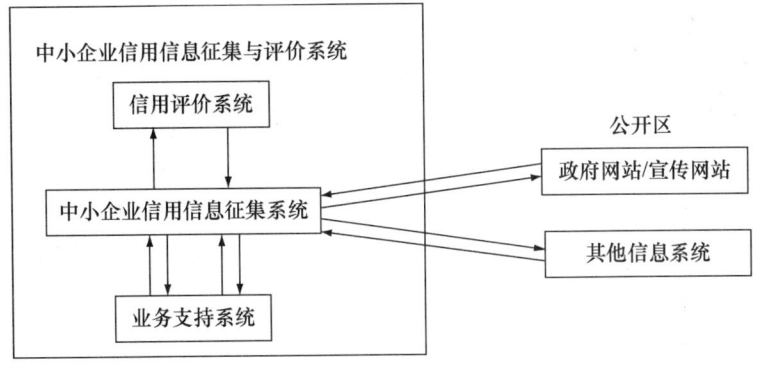

图 4-6　国家开发银行重庆市分行中小企业信用信息征集与评价系统总体框架图①

第二节　"浙江模式"及其信用体系建设②

"浙江模式"是由一系列案例(平阳模式、银行模式、浙租公司模式、信用平台模式)组成的。近年来,国家开发银行在浙江进行了一系列扶持科技型中小企业的创新融资实践,这些案例对研究如何优化开发性金融以支持科技型中小企业融资和信用体系建设有重要的实证意义。

1."平阳模式"

2004 年,国家开发银行与平阳县政府合作,由政府方出面组建法人形式的借款主体平阳县国有资产发展有限公司,作为开展中小企业贷款的融资平台,负责中小企业的开发、受理、组织民主评议,之后向国家开发银行推荐,由建设银行做代理行。这种业务模式可以充分发挥地方政府的积极性和能动性,结合政府对产业结构调整和治理中小企业融资难制约经济发展问题的需要,通过融资推动信用体系建设,促进企业发展,取得很好的经济和社会效益。这种模式被称为"平阳模式"。

该模式的意义在于:首先在搭建中小企业融资平台方面做出了有益探索,其次也为今后的"银行模式"、"浙租公司模式"、"信用平台模式"的设计和实施奠定了基础。

---

①　国家开发银行·中国人民大学联合课题组.开发性金融论纲[M].北京:中国人民大学出版社,2006:136.
②　国家开发银行·中国人民大学联合课题组.开发性金融经典案例[M].北京:中国人民大学出版社,2007.

"平阳模式"的具体操作程序如图 4-7 所示。

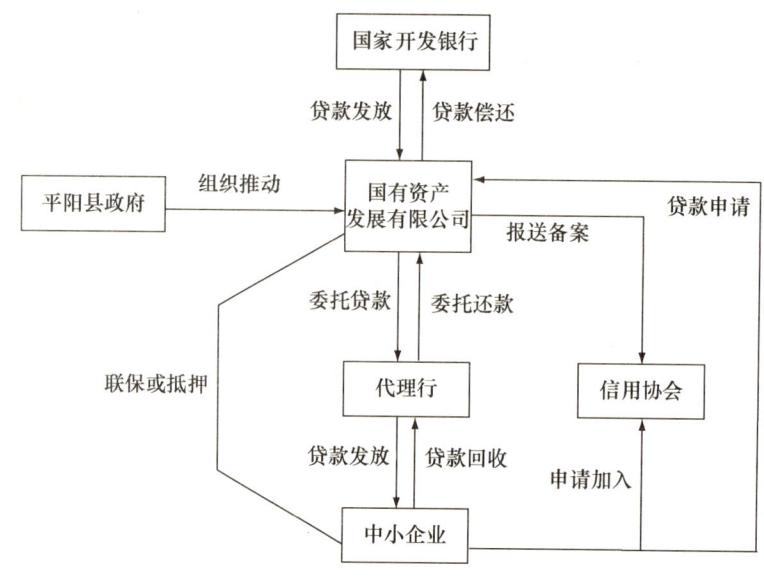

图 4-7 "平阳模式"示意图①

2004 年 4 月,国家开发银行浙江省分行成立平阳县中小企业贷款工作小组,行长挂帅、副行长负责,会同当地政府探讨、协调,深入当地中小企业调查研究,对融资平台和信用平台如何搭建、企业质量如何界定、培训等做了极其细致的准备工作。之后,银—政合作解决中小企业融资工作正式启动。

平阳县政府授权平阳县财政局作为出资单位,组建平阳县国有资产发展有限公司,成立董事会、监事会,根据《公司法》建章立制。国家开发银行指定该公司为借款人,作为开展中小企业融资的平台,负责中小企业的开发、受理、民主评议、推荐及贷后监管等工作。平阳县政府对遴选企业提出三项要求:一要筛选出成长性好、信誉佳、科技含量高的龙头中小企业推荐给国家开发银行;二要坚持扶持与政府支持方向一致、符合产业规划要求、促进地方财政增长的中小企业;三要保证企业和企业主要负责人有良好的信用,无银行不良记录。平阳县国有资产发展有限公司会同当地地税、工商、人民银行等部门设定信用考核指标,并从当地排名前 50 且有融资需求的企业中选出 20 家作为备选企业,在与国家开发银行沟通后报国家开发银行评审;以信用为前提进行审核,从源头上保证放贷企业的质量,最终选定 14 家为放贷企业。接着在国家开发银行的指导下,平阳

---

① 国家开发银行·中国人民大学联合课题组.开发性金融经典案例[M].北京:中国人民大学出版社,2007:411.

县政府制定相关规章制度,建立风险防范和化解措施,对融资平台的专兼职人员做实操培训和业务指导。2004年12月,国家开发银行浙江省分行与借款人平阳县国有资产发展有限公司签订借款合同,与代理行中国建设银行浙江省分行签订资金监管协议,于12月22日放贷3 000万元。"平阳模式"取得了良好的经济效益和社会效益。国家开发银行本息全部收回,企业通过技术改造,竞争力大大加强,销售额和利润大大增加。

然而在考虑将此模式向全省推广,惠及更多科技型中小企业时,国家开发银行根据浙江省的具体情况实事求是地分析探讨后,判断此模式在浙江省大规模推广的可行性不强。原因有二:一是投资项目的选择由政府而非市场化手段决定,这势必降低金融资源的配置效率;二是浙江省向来以"撒手政府"著称,亦即浙江省各级政府大多致力于根据市场经济发展要求发挥政府作用,积极营造良好的制度环境、政策环境,不愿意过多参与市场资源配置工作。因此,该模式必须创新改造,才能因地制宜、推陈出新,大规模惠及科技型中小企业,于是有了以下与商业银行合作的模式。

2."银行模式"

为进一步探索扶持科技型中小企业的有效途径,国家开发银行与浙江省多家商业银行合作,开始探索将自身的资金优势、信用优势与地方金融机构的信用优势、网点优势进行优势互补,实现既控制贷款风险又满足科技型中小企业资金需求的目标。

2004年年底,国家开发银行浙江省分行在地方政府的支持下,以信用建设为合作基础,选择浙商银行作为向中小企业贷款的融资平台和信用平台,浙商银行负责推荐项目并负责全额担保。2005年上半年两家银行合作发放贷款8 800万元,2006年年底本息全额收回,多方共赢,取得了经济效益和社会效益。之后,国家开发银行与中国建设银行浙江省分行的合作复制了此模式,到2007年年底对33家科技型中小企业共发放贷款61 110万元。[①] 2008年年底本息全额收回。

"银行模式"通过"资金+技术"的方式,有效地支持了中小企业的发展并保障了商业银行的收益。该模式的意义在于:实现了国家开发银行与其他商业金融机构的合作,以信用建设实现了优势互补、信用共建、信息共享,为低成本、大

---

① 国家开发银行·中国人民大学联合课题组.开发性金融经典案例[M].北京:中国人民大学出版社,2007:393.

规模、多渠道信贷扶持中小企业提供了经验和借鉴。

但在2006年上半年,各大银行存款增加,流动性过剩,商业银行对国家开发银行的资金需求骤减,"银行模式"扶持科技型中小企业的贷款规模日益缩小。国家开发银行开始寻找与非银行金融机构合作,继续推进对科技型中小企业的融资扶持,这就有了"浙租公司模式"的出现。

3. "浙租公司模式"

浙江金融租赁股份有限公司(以下简称"浙租公司")当时是中国人民银行批准设立并实施监管的全国14家金融租赁公司之一,也是浙江省唯一一家金融租赁公司。实力、业绩和信用都很好,在全国同行中名列前茅,是全国金融租赁学会会长单位。

由于科技型中小企业缺乏有效的抵押、质押、担保和信用保证,求借无路,告贷无门,而融资租赁业务能够降低科技型中小企业的融资门槛。融资租赁业务使承租人只拥有设备使用权,融资租赁公司拥有设备所有权。这样在融资业务发生之后,租赁公司一旦发现承租人经营状况不佳,就可以收回设备弥补损失。因此,融资租赁业务对承租人的资信和担保要求不高。但其业务的长期性特点,使得对科技型中小企业缺乏了解且极其关注资金流动性和安全性的商业银行不愿涉足。而主营此业务的金融租赁公司因为规模小、资本实力弱,在支持力度、规模上力不从心,这使得其自身业务发展陷入瓶颈和停顿。国家开发银行敏感地发现了这一市场缺陷,发挥开发性金融弥补制度缺失和市场失灵的职能,意识到通过与金融租赁公司合作,依托自己的信用建设、制度建设、市场建设的优势和资金实力,可以为有增长潜力的科技型中小企业开创出一条发展之路,也为商业性金融机构提供了发展资金。

循着这个思路,浙租公司以其较高的经营水平、风险控制能力和优良信用吸引了国家开发银行。2006年,双方就合作意愿、方式、可行性、风险控制、信用建设等进行商讨,一致认为双方以金融租赁方式合作支持科技型中小企业融资有牢固的基础,同年5月双方签署协议启动合作。国家开发银行与浙租公司达成协议,双方合作为科技型中小企业的设备技术改造提供融资支持。浙租公司作为国家开发银行的融资平台,负责对贷款统借统还,并承担对贷款项目进行后期管理的职能。这种模式中各方的责任、权利、义务明了,通过企业的租金支持,建立一种市场化的贷款偿还机制,避免贷款挪用风险,是一种可持续、可复制的模式。这种模式被称为"浙租公司模式"。①

合作方案是：浙租公司负责受理、筛选科技型中小企业的技改项目,负责资料收集、初步评审,并向国家开发银行推荐。国家开发银行浙江省分行负责评审调查。经分行贷款委员会审议通过后,浙租公司与科技型中小企业签署租赁合同及担保合同,国家开发银行与浙租公司签订借款合同与质押合同。浙租公司将其租赁合同项下的各项权益质押给国家开发银行,作为统借统还的贷款保证。国家开发银行与浙租公司签订《中小企业贷款项目监督管理协议》,委托浙租公司作为贷款项目管理平台,对承租科技型中小企业进行监督管理,保证资金专款专用。该模式如图4-8所示。

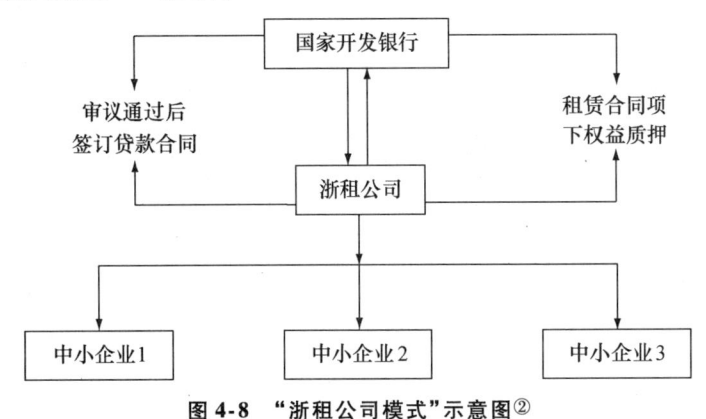

图 4-8 "浙租公司模式"示意图②

合作流程如下：

（1）浙租公司向国家开发银行提交借款申请书申请贷款。

（2）国家开发银行收到申请后按照信贷流程进行项目入库、评审、审查等工作。

（3）上述审查通过后,国家开发银行向浙租公司发出项目审议结果通知单。

（4）浙租公司与承租企业签订租赁合同。

（5）浙租公司与国家开发银行签订借款合同和质押合同。

（6）浙租公司在国家开发银行设立专用账户,用于国家开发银行贷款发放及结算办理、本息收回等事项。

（7）贷款发放后,浙租公司根据其用款需求,到国家开发银行办理贷款支用

---

① 国家开发银行·中国人民大学联合课题组.开发性金融经典案例[M].北京：中国人民大学出版社,2007：394.

② 同上书,第415页.

手续。同时,浙租公司按照《中小企业贷款项目监督管理协议》的要求对承租的科技型中小企业进行监督管理,并定期向国家开发银行报送监管报告及相关资料。

(8)贷款回收时,浙租公司将其按融资租赁合同向承租的中小企业收取的租金及有关费用全部划入浙租公司在国家开发银行开立的专项账户内,用于偿还贷款本息,多余部分可划出。

(9)在浙租公司按期偿还完毕借款合同中所有贷款本息并履行《中小企业贷款项目监督管理协议》规定的义务后,国家开发银行向其一次性支付代理业务手续费。

4."信用平台模式"

信用建设是开发性金融运行的前提和基础,起到的是"保驾护航"之作用,确保的是"善始善终"之结果。在进行上述实践后,国家开发银行开创了以最直接的信用平台担保信用的"中小企业信用平台模式",亦即被称作"浙江中小企业成长贷款"的业务。

国家开发银行与浙江省中小企业局合作,开始了以浙江省信用与担保协会为主体共建担保融资平台的探索。

合作方案为:由浙江省信用与担保协会作为国家开发银行的中小企业信用平台,由协会出资组建中小企业发展促进中心作为中小企业贷款的融资平台,承担贷款统借统还和管理职能,并在协会成员中选择优秀的担保公司进行合作。担保公司推荐企业并负责担保,各家担保公司在分散担保的基础上集中信用,加上浙江省中小企业局的补贴资金共同组成风险准备金"抱团增信"。国家开发银行与浙江省中小企业局签订《浙江省中小企业成长贷款项目合作协议书》,2006年国家开发银行完成对融资平台——浙江省中小企业发展促进中心的信用评级。2007年4月,首批2 910万元贷款发放,投向16家科技型中小企业;2008年,第二批、第三批贷款陆续发放。本息阶段回收率100%。该业务模式如图4-9所示。

合作流程如下:

(1)在浙江省中小企业局的组织下,全省优先选择80家担保公司成立浙江省信用与担保协会,再由协会出资成立中小企业发展促进中心作为融资平台。

(2)融资平台与国家开发银行合作,负责国家开发银行中小企业专项贷款资金的转贷,国家开发银行选择商业银行作为代理行,以委托贷款方式放贷给各中小企业,并负责统借统还。

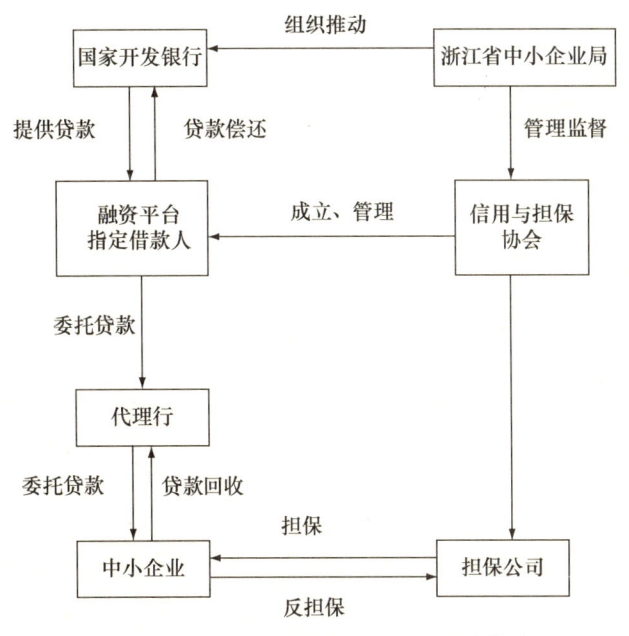

图 4-9　信用担保体系建设示意图①

（3）各中小企业由经选择确定的担保公司筛选、评审、推荐,各中小企业与担保公司办理反担保手续,担保公司为其出具贷款担保,报融资平台审批后由平台公司批量向国家开发银行申请,国家开发银行进行批量审查。

（4）浙江省信用与担保协会集中各担保公司的信用"抱团增信"。组织入选的担保公司每家出资 100 万元,加上浙江省中小企业局的专项资金 200 万元,组成风险准备金,设立专门账户管理,作为化解风险的储备。当中小企业还贷困难且担保公司无力偿还时,动用该储备金弥补损失,确保本息收回。通过建立这样一个共同担保机制,提升了整体信用,实现了各担保公司之间互相监督、互相制约,风险共担、机会共享。

（5）担保公司每收一笔中小企业贷款,需存入国家开发银行 10% 的保证金,发生风险时,国家开发银行可直接扣收。

"信用平台模式"是对"平阳模式"、"银行模式"、"浙租公司模式"的再创新,在资源整合、信用体系建设、制度建设、市场出口等方面日趋完善。

开发性金融在对科技型中小企业融资支持的浙江省实践中,形成了与地方

---

①　国家开发银行·中国人民大学联合课题组.开发性金融经典案例[M].北京:中国人民大学出版社,2007:420.

政府、中小企业管理部门、商业银行以及非银行金融机构等合作构建融资平台、信用平台的成功实践。不但为解决中小企业融资难这个"老难题"创新了"新举措",而且一步步的模式创新越来越接近国家开发银行所承担的"政府入口"、"市场出口"的职责。

非常重要的一点是:各个商业银行对此模式中经信用建设洗礼后"毕业"的中小企业,放贷的信心明显高于未入围的企业。这对今后引进风险投资机构、信托机构、民间资金等,共同解决科技型中小企业融资难问题奠定了基础,对设计和创新以信用建设为基础,多方参与、优势互补、风险分担、收益共享的科技型中小企业融资模式,较好地解决科技型中小企业融资难问题具有非常重要的启发与借鉴价值。

第三节 "重庆模式"、"浙江模式"中的信用体系建设分析

在第五章中,本书通过分析国内外政策性、开发性金融对科技型中小企业融资的实践,创建了融资信用体系建设的"四三七"理论模型,本节将以此理论模型为分析框架,对"重庆模式"、"浙江模式"进行分析。

一、信用体系建设中的四项内容分析

如前所述,信用体系建设包括信用结构系统、信用量化系统、信用运行系统、信用支持系统等四项内容建设。

(一) 信用结构系统建设

1. 信用主体与平台分析

信用主体分析如下:

(1) 国家开发银行:具有准国家级信用。

(2) 准政府级领导机构:"重庆模式"中的领导小组,"浙江模式"中的省中小企业局,都拥有地方政府级信用。

(3) 融资平台:"重庆模式"的融资平台是融资专管机构,"浙江模式"的融资平台是省中小企业发展促进中心,它们被增信后拥有准地方政府级信用。

(4) 担保机构:"重庆模式"的担保机构是财政部门,具有准政府级信用;"浙江模式"的担保机构是信用与担保协会,被政府增信后具有准政府部门级信用。

（5）结算商业银行：具有商誉信用＋准政府级信用。

这些信用主体自身的信用能量大、信用质量高，信用不足的也通过组织增信获得了参与资格，得以协作实施对中小企业的融资工作。

（6）中小企业：按照信用评价指标体系评估确认后具有一定的信用等级。

信用平台分析如下：

信用平台作为重要的信用主体，在信用权能和作为上起着纵向上承上启下传递信用、横向上整合信用资源的重要作用。在"重庆模式"和"浙江模式"中的信用平台主体有：

（1）融资平台。"重庆模式"中的融资专管机构，作为融资平台也是信用体系建设的平台，具有准地方政府级信用。"浙江模式"中的融资平台是省中小企业发展促进中心。这些机构经过当地政府增信具有准地方政府级的信用。这个信用平台被当地政府和国家开发银行予以了特别的增信，肩负着融资项目真正执行者的责任和作用，在对项目"保驾护航、善始善终"的信用建设中也具有决定性作用，并主持着信用各方主体信用共建的统筹、信用增进的推动、信用收益的制定和兑现、信用交换规则的设计和执行等工作。

（2）担保单位。如区县财政，信用与担保协会。

（3）其他信用保证类机构。如信用促进会，评议组（行业或专业资质＋政府部门的信用），与融资相关的政府有关部门（地方政府部门级信用），上下游关联企业、同业企业（行业信用）。

2. 信用权能与作为分析

这些信用主体的信用权能与作为在第三章中分析过，在此不再赘述。

3. 信用共建与增进分析

地方政府对其参与融资活动的派出机构都给予了一定程度的组织增信，如浙江模式中各担保公司"抱团增信"及政府财政资金资助增信。

浙江省各级政府致力于"信用浙江"工程的建设，融资项目更是竭力配合与协同国家开发银行、担保公司、融资平台等共同开展信用制度、信用机制的建设，并具体体现在各种信用平台的建设中，全力推进各方信用共建工作的开展，确保融资实施顺利进行。国家开发银行更是信用共建的倡导者和主导者，利用自己的资金优势、信用优势、制度机制创新和建章立制优势，全力开展信用共建工作，不仅为项目实施保驾护航，而且为当地信用建设留下了信用制度、信用机制、信用文化等规范配套的宝贵财富。更可贵的是，经过这一系列建设后，商业金融、社会资金、信托资金和风险投资机构会对经过此模式洗礼的科技型中小企业产生兴趣,为科技型中小企业在金融市场寻找资金渠道和资本运作平台打下了很好的基础。"重庆模式"中,中小企业信用促进会、市有关部门、融资中小企业的上下游关联企业和同行企业专管机构更是通过增信、报告、监管、监控等手段开展信用共建,为顺利达成融资和实现100%本息回收做出了贡献。

4. 信用收益与交换分析

这两个模式的所有参与方最后都实现了共赢多赢的圆满局面,这是在事前充分协商,根据各方的权益诉求,科学测算了各方的信用收益和彼此的交换规则,在"诚相待、交相利"的信用原则指导下顺利达成的。"重庆模式"中,对经费补偿、利率形成、信用升级后的利率优惠幅度、信用降级后的利率上浮幅度、降级的谴责规则、担保机构代偿规则等都进行了清晰的设定。"浙江模式"中,对代理费用、担保公司单笔保证金比率、刚性风险保证金额度等都进行了清晰的设定。良好的信用收益预期和严谨的信用交换规则激励并保证了融资项目的顺利实施。

(二) 信用量化系统建设

本部分内容在"重庆模式"和"浙江模式"中应用很少。主要原因是模式还相对简单,在引进风险投资、信托公司和资本机构等之前,没有进入对衍生产品的设计阶段,没有建立对信用定量定级与风险定价相关联的模型分析。而且我国金融市场不发达,科技型中小企业融资债券化、证券化的通道还没有打通,对科技型中小企业的融资融券业务还不很成熟。所以,在"重庆模式"和"浙江模式"的实践中没有太多设计。之所以在"四三七"信用体系建设模型中出现这方面的内容,一是考虑到模型的严整性需要,二是在之后几章关于开发性金融对科技型中小企业融资新模式的设计中引进风险投资、信托和资本机构,并设计金融衍生产品,都需要这些概念的支持,为了信用体系建设理论模型的严整、规范、实用而加入了这一部分。

(三) 信用运行系统建设

1. 信用征集与确证

为保证尽量全面、客观、公正地反映科技型中小企业的真实信用情况,"重庆模式"和"浙江模式"中,除国家开发银行亲力亲为进行调研外,还建立了方方面面的渠道来征集科技型中小企业的信用情况。"重庆模式"和"浙江模式"中虽然对科技型中小企业信用指标的构成有所创新,但由于是政府财政担保化解了信用风险,或者是风险代偿机制相对稳健,所以还是偏重以传统指标考量为主。

2. 信用整合与产能

整合的概念很重要,它是围绕科技型中小企业融资,以科技型中小企业为圆心,各个信用主体与科技型中小企业在信用建设上都发生关系的一种活动。并且在这个过程中,各个信用主体本身也在积极开展内在、外在的信用升级等活动。通过这种建设,各方的信用都发生了质的变化,表现在信用真正为融资成功而"八仙过海、各显神通",开始产生巨大的能量了。

开发性金融的信贷方式使之对科技型中小企业的融资,天生就具有信用整合的禀赋。科技型中小企业的集合融资是对科技型中小企业信用的整合,在"重庆模式"和"浙江模式"的拓展中还可以考虑根据不同的同质性进行分类集合,如根据科技型中小企业所处的企业生命周期的种子期、初创期、成长期、成熟期等阶段分类集合,根据所属产业分类集合,根据规模大小分类集合,根据风险级别、融资额度等分类集合,这种同质化的组合是对个体信用的整体整合,这与今后开发新金融产品、资产证券化运作时对信用的严格要求是相吻合的。对担保公司也是一样,浙江的"抱团增信"只是开了个头,无论在组成、功能上,还是在运作方面都处在初级阶段,今后在引进信托、风险投资、其他资本机构重新设计融资模式时,会更有优化、整合、创新的空间,天地广阔,大有可为。

3. 信用升级与溢出

由于"重庆模式"和"浙江模式"还处在初级阶段,对信用升级还处在按期归还本息后予以奖励的信用提级层面上,其信用外溢效应也相应很原始和初级,只是体现在一定授信额度的优惠、再次开展信贷的优先权以及信用记录的更优质上,没有上文所述因信用升级、信用价值溢出而产生的诸多衍生和放大的效应。

(四) 信用支持系统建设

开发性金融的"保本微利"经营原则和"政府热点、雪中送炭、规划先行、信用保证、融资推进"20字方针,使其承担着对社会和地方经济扶持、服务的职责。所以,"重庆模式"和"浙江模式"都十分重视信用支持系统的建设。

开发性金融以"信用本位"为运行基础,通过"四个建设"的孵化实现"市场出口"是其目标。鉴于开发性金融这种"扶上马,送一程",送到以市场规则主导的可持续发展市场经济的轨道上的使命,因此,开发性金融要进行对所有参与融资各方的信用观念的塑造、信用文化的形成、约束激励机制的建立、信用制度的健全和创新、可持续机制的建设。

在项目启动前,国家开发银行就对所有参与融资的各信用主体开展类似"普法"宣传的"普信"工作。一方面,以规章制度、运行机制等硬约束保证其守信,并通过守信得到预期中的信用收益和交换价值,巩固信用建设的成果。在"重庆模式"中,"全方位信用采信平台"、"专管机构经费补偿机制"、"贴息及利率升降奖罚机制"、"风险分担机制"、"谴责、停贷退出机制"等制度、机制建设的硬约束,为后期信贷开展奠定了可持续发展的基础。另一方面,又创建信用文化、机制、制度等进行"普信"软约束建设。在"浙江模式"中,借着浙江省各级政府打造"信用浙江"的机会,开展"普信"教育,为项目启动奠定思想基础。其后"平阳模式"、"浙租公司模式"、"信用平台模式"的一系列实践中创建的"分类集合的规模融资"、"抱团增信"、"信用信息溢出吸引商业金融"、"整合终端克服信息不对称"等做法,为浙江省更为其他省份开展业务积累了一份信用文化建设、机制建设、制度建设的宝贵经验和财富。"重庆模式"和"浙江模式"在信用信息征集和评价系统平台的创建、管理、使用和创新上也是非常成功的,这些平台为中央政府建立覆盖全国的中小企业信用征评系统提供了基础数据和建设经验。

鉴于"市场出口"的历史使命,"浙江模式"在以政府引导为主转向以市场配置为主的进程中,开展了积极且有意义的尝试。这其中的诸多信用建设的经验和机制创新,对利用信托为中小企业融资的模式设计和成功实践提供了重要借鉴。

信用支持系统的建设在我国整体层面上开展得很不完善,存在起步晚、动作慢、功效少、使用受限等问题。较之欧美发达国家完整健全、全面覆盖的体系建设还有很大差距。在具体实践中,即便是在本书论及的"重庆模式"和"浙江模式"中,也还有很多需要往精细处做、往健全完备处做、往使用便捷处做的工作。如果将"重庆模式"和"浙江模式"向投资主体多元化、金融产品证券化、收益模式组合化、退出机制市场化等方向拓展,探求较好地解决科技型中小企业融资难问题时,这些既有的信用支持工作就明显远远不够。

二、信用体系建设中的三个机制分析

开发性金融"政府入口—国家开发银行孵化—市场出口"的运作模式,与本书构建的信用体系建设之"威信整合资源—守信保障运行—公信支撑可持续"三机制是吻合的。

1. 威信整合资源机制

地方政府用政府信用整合了具有准国家级信用的国家开发银行,二者主导建设了政府投资公司、商业银行、租赁机构和信用机构等准政府部门信用级别的融资平台并予以增信,以此继续整合具备代偿能力的担保公司、可以提供科技型中小企业信用信息的各种渠道和政府部门、民间机构、科技型中小企业的上下游关联企业和同行业企业,一起评估科技型中小企业的信用价值;再整合具有高成长性和高收益的科技型中小企业,最后实现共享科技型中小企业发展的收益。

在本书设计的新信用融资模式中引进的信托、风险投资和资本机构等,如果没有威信信用主体的引导,则很难参与到对科技型中小企业融资支持的大业中来。这就是威信整合资源的信用体系建设机制。在新模式中,政府引导资金的"增信及放大机制",对科技型中小企业采取信用同质集合打包融资,通过信托将债权证券化引入社会投资者等,都将以威信整合资源机制为前提才能展开。

2. 守信保障运行机制

地方政府根据国家产业政策和地区发展的需要,可向国家开发银行提出申贷项目。作为第一推动力,政府有权推选科技型中小企业入围,但要做出风险分担承诺,就需要政府守信用,以增强国家开发银行的放贷信心。而国家开发银行要信守通过资金扶持科技型中小企业建章立制、建设市场的职责,必须对项目进行筛选评估,对地方政府的承诺、企业法人建设和市场前景等进行缜密的信用评审,确定开发性贷款总量,从而推动项目的实施。与此同时,企业和市场作为被建设和培育的要素而被过程预设和角色预设,共同进入项目启动运行过程。

资金进入项目之后,国家开发银行拥有所有权,但转移了使用权。信用的主动权掌握在融资平台和科技型中小企业一方。此时,地方政府以其信用权能提供增信支持,而国家开发银行出于信贷安全的考虑,主要是源自职责使命的要求,开展对企业进行孵化的工作,指导融资平台及其管理的科技型中小企业建设和完善其不成熟的治理结构、制度机制、经营模式、盈利模式及现金流,进行市场培育和市场引入等工作,以帮助科技型中小企业在开发性金融的孵化洗礼下顺利"毕业",以相对成熟强壮的肌体进入市场经济的海洋畅游。与此相对应,科技型中小企业要配合国家开发银行的孵化,以经营和管理模式的优化、现金流建设保证阶段还款付息,以守信消除政府和开发性金融对"道德风险"的担心以及失信对各方造成的经济损失和信用代价。融资平台要信守约定的监管职责,通过信用信息征集与评估平台不断对科技型中小企业的信用状况和守信取向做出判断,以便政府、开发性金融和担保机构及时采取应对措施,保障项目顺利进行。这个阶段是项目各方合力以"信用本位"为指导合作共建的阶段。

"重庆模式"和"浙江模式"在守信保障运行机制的建设中相对简单,一些简便易行的诸如守信激励机制、失信惩罚机制、失信代偿机制、同业横向信用联保机制、产业链纵向信用互保机制等基本上可以保证项目的顺利进行。在向投资主体多元化、金融产品证券化、收益模式组合化、退出机制市场化等方向拓展,解决科技型中小企业融资难问题的开发性金融创新融资模式中,这个实施过程在引入的信用主体增加、产品多样、运作复杂时,将要设计诸多如包括社会投资人、机构投资者、风险投资人在内的"信用收益凝聚机制",根据科技型中小企业资信等级建立的"分级信托机制","收益风险的差异化对等机制","收益组合发散和外溢机制",担保机构的"不完全担保机制"等,通过这些机制的建立,把各方权能整合起来,把各方诉求和偏好设计进来。因此,守信保障运行机制建设的内容是非常丰富的,将在之后几章详述。

3. 公信支撑可持续机制

如果说政府承担保护、扶持的职责,那么市场则是纯粹以利益交换为根本运行规则的。开发性金融孵化到最后,最理想的退出方式就是"市场出口"。这也是开发性金融建设市场和制度功能的目的。这个圆满结局是以市场利益交换原则下的公信塑造做支撑的。这要求由"政府威信"主导的信用体系建设向"市场公信"主导的信用体系建设转型。

以威信整合资源机制、守信保障运行机制两个阶段的信用建设成就为基础,定型、完成市场经济要求下的信用制度建设、信用文化建设、信用机制建设、企业法人建设、现金流建设,从而达成"市场出口"的使命,是公信支撑可持续机制的主要内容。

经过公信支撑可持续机制的培育,信用建设进入了一个市场主导、政府引导,融资各方以公信做内在支撑的可持续发展的良性循环轨道。在"重庆模式"和"浙江模式"中,作为融资平台的企业成长为现代企业制度下的独立法人,孵化后科技型中小企业的经营成果和现金流完全可以覆盖贷款。政府不再承担责任,增信任务完成,信用空间释放,企业走上通过市场或引入商业性资本开展下一轮市场主导融资的发展壮大之路。到目前为止,在"重庆模式"和"浙江模式"中都已经有数家科技型中小企业发展壮大成为产业发展领航者或者行业排头兵,进入上市辅导期。

三、信用体系建设中的七项标准分析

信用体系建设的七项标准为:

(1)信用保证要素同质化科技型中小企业批量选拔、入围。

(2)特色信用征评和资产评级指标体系。

（3）威信主体主导下的资源整合能力。

（4）完备高效的信用运行机制。

（5）以企业商誉形成信用资本，并成为商业金融、资本机构的目标客户。

（6）期权释放、证券化信用收益和交换机制。

（7）多元化的担保主体、方式和收益。

具体分析如下：

1. 信用保证要素同质化科技型中小企业批量选拔、入围

"重庆模式"和"浙江模式"实现了批量融资，但没有进行精细化的同质性分类，主要原因一是融资实践还未进行这些方面的探索，二是科技型中小企业可选择性不强。但在专业性很高、产业化分工明确的高新技术产业园区，如生命科学园、信息产业园、光电科技园、航天科技园等，天然地把企业做了产业分类，为进行同质化、批量化选择入围的科技型中小企业奠定了基础。开发性金融可直接从其他角度对科技型中小企业再进行同质化分类。

2. 特色信用征评和资产评级指标体系

在"重庆模式"和"浙江模式"中，对科技型中小企业信用征集渠道做出了系统的建设，也取得了很好的效果，上文已述。但二者没有对企业进行同质化分类，指标体系还相对是整齐划一的，分不出风险类型和级别，并且对评价指标的设定和相关权重的设计还主要是传统做法。

3. 威信主体主导下的资源整合能力

这是"重庆模式"和"浙江模式"的亮点，二者的成功主要归功于这个衡量指标。但整合的资源方还主要是服务支持性的单位，"重庆模式"的担保机构是予以担保兜底的财政部门，"浙江模式"是半市场性质。没有考虑担保机构、商业金融资源、民间资本资源、资本机构、信托等金融产品经营机构，这就使得"市场出口"目标的含金量还处在初级阶段。走出去了，但没有请进来。对科技型中小企业及其他各方诉求的满足还处在较低水平。因此，需要不断设计更加开放的新系统，把各种市场性资源引导进来。

4. 完备高效的信用运行机制

"重庆模式"和"浙江模式"建立并运行了科技型中小企业信用征集和评价系统，以及守信激励褒奖、失信惩罚代偿等机制，在当时模式的水平上已经做得相当好。如果要引进更多投资者、设计更多产品，这些还远远不够。

5. 以企业商誉形成信用资本，并成为商业金融、资本机构的目标客户

经开发性金融孵化洗礼后"毕业"的科技型中小企业，用现行的标准考量，

商誉确实有了很大提高,大部分已成为商业金融和资本机构的目标客户,很多已经进入商业性信贷、金融和资本市场。

6. 期权释放、证券化信用收益和交换机制

"重庆模式"和"浙江模式"还没有涉足这方面的业务。

7. 多元化的担保主体、方式和收益

"重庆模式"和"浙江模式"中,担保模式还是以传统的担保公司为主体,但方式有所创新,收益良好。市场经济本质上是信用经济,经过"重庆模式"和"浙江模式"在思想上灌输、在行为上规范后的各方主体,"思与行"都不同程度地被"信用本位"化。尤其在浙江,市场经济比较发达,加之省市各级政府高度重视信用建设,"浙商守信"的美誉已成佳话,企业以其高信用质量逐渐为商业银行、风险投资机构、民间资本所接受,信用逐渐转化为资本。

第五章

信用体系建设在科技型中小企业开发性金融融资中的作用

在第四章里，我们以信用体系建设"四三七"理论模型作为分析框架，对"重庆模式"和"浙江模式"中的信用体系建设实践做了分析。为了使信用体系建设能够扎根在更系统的理性基础上，本章将从科技型中小企业开发性金融融资的运行机制和资源组合机理两个角度，探究信用体系建设在融资中的两大作用，即：(1)通过分析信用体系建设对科技型中小企业开发性金融融资运行机制的推动，研究其全方位"保驾护航"的作用；(2)通过探析信用体系建设对促成科技型中小企业开发性金融融资的资源组合机理，分析其内导性"激活融合"作用。

第一节 科技型中小企业开发性金融融资运行机制与信用体系建设

通过对"重庆模式"、"浙江模式"的深入分析，可以发现：主导着整个项目运行的是存在于模式内部的四个运行机制，分别是：功能协同机制、权责转化机制、权能创新机制、收益回馈机制。这四个机制是"重庆模式"、"浙江模式"成功运转的保证。而支持这四个机制起作用的，是始终贯穿其中的信用体系建设。没有信用体系建设作支撑，运行机制就无法启动。所以，信用体系建设在模式运行中起到的是全方位"保驾护航"的作用。

一、功能协同机制与信用体系建设

从项目运行过程层面上分析"重庆模式"、"浙江模式"运行的各个阶段，可以发现，模式的成功运行，是各个利益相关者既充分发挥各自权能推动项目进行,又互相配合、支持、协同作用的结果。任何一方的不配合都可能导致项目运行终止,或者运行效能低下。

在我国体制转轨的过程中,政府既要制定规则,又要在相关领域和相当程度上发挥"教练员"和"准运动员"的作用,具有管理、规范、提供制度框架的教练员和参与比赛的运动员多重身份。重庆市和浙江省地方政府基于扶持科技型中小企业发展的战略需求,向国家开发银行申请科技型中小企业贷款,国家开发银行基于国家赋予的职责和经营原则,积极推动立项,与地方政府合作成立领导小组和专管机构,共同讨论确定项目可行性和融资方案。地方政府利用自己高能量的行政和信用权能,积极组织协调,建设融资平台,出台倾斜政策,配套财力支持,强化信用建设。国家开发银行则利用资金与经验优势,与地方政府共同成立投资公司等机构作为融资平台,对融资平台及科技型中小企业进行完善治理结构建设、法人建设、现金流建设和信用建设的工作,培育市场,全力孵化,履行开发性金融职责。融资平台和科技型中小企业在地方政府和国家开发银行的指导下,加快项目建设,加速市场化进程,不断提高经营能力和资本实力。在项目孵化的成熟期,企业信守承诺,积极还贷,在可能的情况下还提前还贷,为下一轮的合作打下良好的信用基础,而市场从机制优势和经济效益上给企业和社会以丰厚的回报。

上述过程的顺利进行与最终圆满完成,是模式相关方功能协同机制作用的结果。这些都是与在信用体系建设中信用主体结构的内容建设,以及威信整合资源机制作用下,各信用主体在背后积极发挥各自信用权能,共建增进、妥善协调、协同一致的强力推动作用分不开的。

二、权责转化机制与信用体系建设

"重庆模式"、"浙江模式"的成功运行过程,是各相关方一系列权益和责任有效转化的过程。权益和责任的转化过程成功了,科技型中小企业开发性金融融资就成功了。

国家开发银行从国家取得资本金,得到国家的信用,并且运用这种信用在市场上筹集资金,然后通过评估与确证科技型中小企业的信用存量与增量、信用能量与品质、信用风险测算与分担以及化解方式等,把贷款资金所有权保留,把使用权转移给企业,同时把收回所有权的职责变成压力转移给当地政府和担保机构。政府把一部分财力和政府职能部门的权益转移给企业,同时也把还贷压力转移给企业,这个过程是政府开展的组织增信过程。融资平台把资金投放到具体的科技型中小企业中,同时也把责任和压力转移给了企业,将经营绩效压力转化为适应市场竞争的活力。从信用体系建设的角度来说,中小企业的融资过程是各相关方信用连续不断地整合、升级的过程,同时也是以各方共赢实现信用可持续的过程。

要保证这个权责传递过程的有效进行,阶段性的信用征信评估和对运行系统运行效率的考量将对项目推进发挥重大作用。没有信用体系建设做保证,无论是国家开发银行四个建设的孵化、科技型中小企业的阶段归还本息,还是政府行政手段的监督促进,都很难保证这个复杂的系统不出现违约失信现象,从而阻碍项目顺利实施甚至夭折。商业金融对中小企业信贷拒贷、惜贷的根本原因就是缺少信用体系的有效建设,"征信无从征,评信不可信,运行不可控,违约无可偿",哪个还敢贷? 而开发性金融对科技型中小企业的信贷实践,以"信用本位"的理念高度重视以信用建设保证权责转移的安全稳健运行,为最终破解这个难题做出了富有建设性的探索。

三、权能创新机制与信用体系建设

"重庆模式"和"浙江模式"是创新性的,模式创新是整体创新,整体创新是基于各个参与主体权能创新并系统整合的结果,是 1 + 1 大于 2 的效果。所以,模式的成功运行是各个利益相关方各自不断评估、权衡、创新自己权能的过程。从这个角度上说,模式的成功可以说是权能创新机制运行的成功。有创新就有风险,有风险就容易受挫或夭折。信用建设就是在化解这种风险中推动着各种创新要素参与解决融资中的各种难题,齐心合力,逢山开路,遇水搭桥,最终实现融资成功。

从地方政府和国家开发银行确立科技型中小企业的集合融资方式,到初期的以政府信用财政兜底,再到政府主导引进专业担保机构,从中小企业信用促进会、评议员制度及以科技型中小企业信用信息征集评价平台为代表的信用制度、机制建设的完善,到融资平台的不断推陈出新及担保公司的"抱团增信",再到国家开发银行因地制宜、因业制宜地进行创建性孵化最后实现"市场出口"的培育和设计,整个过程都在创新突破。通过"四个建设",实现了"四个健康"(健康企业、健康金融、健康财政、健康经济)。

每一点创新,各相关方必须要对权益得失和成败概率予以权衡,进行信用评估、确证,没有信用增进与整合,就不能继续达成齐心协力的结果,就无法向成功推进。所以,充分利用信用整合功能,凝聚信用资源,以信用收益和交换来回报、激励参与权能创新的各参与者或相关方,才能在创新中避险,在避险中增信,在增信中团结,齐心协力、精诚团结,最终保证融资过程顺利完成。因此,"重庆模式"和"浙江模式"中完备的信用体系保证了各方权能创新的动力和创新的回报,进而为融资圆满成功做出贡献。

四、收益回馈机制与信用体系建设

"重庆模式"、"浙江模式"是在市场经济条件下的科技型中小企业融资模式。利益相关方都是独立的社会法人,都有对利益或权益的诉求,模式运行成功的前提是收益回馈机制的顺利运行。

国家开发银行对企业的诉求是要保证"保本微利",政府对企业的诉求是实现政府战略扶持目标并使其尽快成为市场主体,企业对政府的回报就是尽快成熟壮大,创造效益,促进地方的经济、社会发展。同时,企业也需要尽快与政府信用实现分离,释放政府信用。融资平台也同样对每个项目有回报诉求,希望自己能以健康、独立的法人主体姿态,自主运作从融资到运行再到产品产出的全过程。这是一个"市场出口"的过程。一个退出运动员角色而专职裁判和服务的政府,一批成熟的可以畅游市场经济海洋的科技型中小企业,一套符合市场经济根本原理的"信用本位"指导下的规范人与企业"思与行"的机制、制度、文化体系,这些既是信用支持系统建设的功劳和成果,更是公信保障可持续机制的最好回报。信用观念与信用文化的建立和强化、信用约束的建立和践行,伴随着信用的可持续,达成的是合作的可持续,共赢的可持续,经济繁荣的可持续。

第二节 科技型中小企业开发性金融资源组合机理与信用体系建设

"重庆模式"、"浙江模式"成功的内涵是通过信用的激活催化、融合黏合,促成各种资源的最佳组合,从而为整个融资过程出力。从这个角度探究信用建设的意义,既有助于阐明信用体系建设的作用,也可指明信用体系建设的方向。

一、从投入角度分析:"资本+资源"的组合与信用体系建设

"重庆模式"、"浙江模式"从投入的角度看,是信贷双方资源与资本的投入:一方投入资本,一方投入科技型中小企业——一个具有创新发展潜力的宝贵资

源。合作的本质是资本撬动资源,将处于资金饥渴困境中的资源激活。资本对资源经过孵化和塑造后,将其推向市场,从而创造价值,增值资产。这里有两个要点:一个是对"资源"的理解、对"撬动"的理解、对"市场"的理解;另一个是把这些激活并组合在一起,发挥"1+1+1大于3"的效果。

1. 对"资源"的理解

资源在"重庆模式"、"浙江模式"中是"科技型中小企业+金融"的模式。这种组合带来的启发是:政府方把自己的信用权威和本地有实力的科技型中小企业都从"稀缺资源"角度和高度来定位,并把这种理解、认识、选择与资本方达成共识。资源对资本方(国家开发银行)而言,也不仅仅是资金,诸如整合运作经验对其他资金、资本和服务产业的带动引领效应,制度建设、现代管理、导入市场机制的能力等都是其特有的"资源"。就如同我们吸引外资,除了资金,更多关注的是新型技术、市场机制、管理模式、信用观念、人才培养、产业带动等。这样理解双方的投入,合作的视野就更宽广了。通过这种"资本+资源"的合作,就可以把资源释放变现、增值放大。双方如果没有彼此诚信的基础,并把这种宝贵的诚信用信用建设的方式予以固化,没有这种对资源的深入理解,就无法与对方和科技型中小企业共享,形成共赢多赢的发展成果。而事实是双方通过信用体系建设,开启了这种"资本+资源"的组合,发挥出在当时最好的效果,并为以后的持续创新提供重要的借鉴。

2. 对"撬动"的理解

在"重庆模式"、"浙江模式"中,银行资金具有杠杆作用,但撬动的不仅仅是有形的资本,还撬动了无形的资本、资源、空白的市场机制、潜藏的市场、政府的职能及创新的动力和信心等。通过"资本+资源"的良好合作,这些潜质就可以充分发挥。在这个过程中,信用体系的建设就是这个杠杆的支点,不然这个杠杆是撬不起来的。事实也是如此。比较地方政府"资本+资源"成功合作前后,还是那些人,那个公司,而资源、资产的存量增值了许多,资源、资产的质量提高了很多。

3. 对"市场"的理解

市场是一种机制,一种能通过优化资源配置而创造出财富的机制。市场是社会经济大发展的发动机,我们改革开放的目标之一就是把计划体制的发动机更换成市场体制的发动机。创建这样一种机制,是国家开发银行的优势、是政府的职责。拥有它,是社会的财富,是发展的动力,是经济进入市场轨道的保证。这样一份宝贵的资产,通过"资本+资源"的良好合作,就可以创建、拥有并传承。而市场的本质是真正以"信用本位"做利益选择和资源配置,通过提供资金，通过信用体系的建设，把相对成熟的科技型中小企业送达"市场出口"，进入正常的市场轨道。在这个过程中，信用体系建设功不可没。基于这样的理解，用信用建设保证合作的成功，是何其重要与珍贵。

二、从平台角度分析："融资平台＋企业项目"的组合与信用体系建设

在"重庆模式"、"浙江模式"中，融资平台是项目开展的平台，每个融资项目是企业发展的契机。同时，每个项目也是国家开发银行开展工作的平台、发展的基础。因此，企业是国家开发银行的客户，国家开发银行是企业的挚友，双方要做大做强，都需要坦诚相待、诚信守信、互相扶持、互相尊重。

事实正是这样，国家开发银行在地方政府扶持科技型中小企业的战略中，立项一个做好一个，扶孵并重，精耕细作，立足长远，将业务做深做厚、做熟做透，在合作中共同发展壮大。"重庆模式"一期贷款项目成功后，又签署了二期、三期项目，使得国家开发银行业务既有即时收益，又有长远后劲，既有优势互补，又有信用保障。地方政府扶持科技型中小企业的战略得到具体实施，发展规划落实到位，为经济发展和产业结构优化升级拉开了架势，"输血＋造血"的扶孵机制，为经济发展添足了后劲。市场机制作为发动机，使科技型中小企业发展的势头越来越强劲，经济的运行越来越健康。在这期间，没有信用体系建设持续不断地在背后"激活融合"，是不可能实现各方共赢的。

三、从手段角度分析："权威＋市场"的组合与信用体系建设

看不见的市场之手，为世界带来了几百年的经济繁荣，但也有失灵的区域和失聪的时刻；看得见的权威之手，在力挽狂澜之后，也曾让经济的活力黯然失色。谁能协调、驾驭好这两匹出色的烈马，谁就是无敌骑士，谁就能在世界经济大潮中独占鳌头。"重庆模式"、"浙江模式"的意义之一，就是它们在我国市场制度建设还很薄弱甚至是空白的土地上，成功实现了政府与市场两位强手的握手言欢，用经济建设的成功业绩为我国制度建设、体制完善写下了浓墨重彩的一笔。

市场经济是信用经济，国家开发银行和地方政府把自己权威的信用，睿智而务实地转化成市场的信用。以有形的"银—政"权能塑造无形的市场活力，并"扶上马，送一程"之后，把自己权威的信用提升到更高的空间和层次，去完成更重大的使命。

基于这样的理解，没有信用体系建设，就没有政府权威的发挥，就没有开发性金融的"四个建设"，当然也就没有市场的建设与激活。权威没有了市场的接力棒，就只能在有限的资金和政策性金融的圈子里打转转。所以，没有信用体系

建设对权威和市场的激活,就很难有融资的成功,可见信用体系建设是何其重要与珍贵。

四、从取向角度分析:"创新+共赢"的组合与信用体系建设

没有创新就无法谈创建,没有共赢就无以言成功。"重庆模式"、"浙江模式"从路径取向上立足于创新,从价值取向上追求的是共赢。这种取向,使"重庆模式"、"浙江模式"既散发着后发追赶型国家现代化缔造者们朝气蓬勃、锐意进取的豪迈勇气,又践行了社会主义国家协作共赢、共建和谐社会的精神旨趣。国家开发银行用一流的业绩完成了自己的绩效目标,同时用一流的业绩建设了市场,建设了体制,建设了信用。对国内,实现了用建设市场而不是用财政和行政的办法达到政府的目标;对国外,带出了与国际接轨的新空间和新领域。这是一种意旨深邃和恢弘的激活,是一种充满生机和活力的融合,它既是用信用奠定成功的基础,又是对信用文化的强化和弘扬。

五、从可持续发展角度分析:"培元固本+做强做大"的组合与信用体系建设

我国的现代化建设,既是一项需要深谋远虑、务实求真的事业,也是一项只能做好不能做坏的事业。时代的建设者们,在各自的事业领域,默默地实践着这样的复兴诉求。"重庆模式"、"浙江模式"的创建者们交上了一张让国家、让人民、让社会满意的答卷。国家开发银行和地方政府精心培育、运作着自己的资本和资源,全力呵护、巩固着自己的信用根本,立足可持续发展,视野高远,思虑深沉,行动敏捷,业绩卓著,谋求着做大做强的资格和基础。地方的科技型中小企业站稳了脚跟,形成核心竞争力,正在一步步做大做强;国家开发银行在面临向市场经营转型的过程中,确立了自己的业务模式、经营模式和盈利模式,资产规模不断扩大,资产质量不断提高,也在培元固本的基础上做大做强起来。所以,信用体系建设正符合了市场经济的内在精神和内在规律。

总之,"重庆模式"、"浙江模式"的理性精神与实现我国民族伟大复兴的时代精神是相吻合的。或者说,正是它们在实践着这种精神。创造的"模式"本身在本领域甚至是其他经济建设领域可以优化、完善和推广,而与创建"模式"相匹配的我国市场制度和信用文化的建设,其意义比创建"模式"本身更为重大。因为制度和文化会沉淀下来,发扬光大,影响经济各行各业,带动社会风貌风尚,提升民众素质水平,对全面推进整个社会的现代化进程具有更加深远的影响。

第六章

科技型中小企业开发性金融融资模式及信用体系建设展望

我国的后发型现代化建设,具有在追赶中超越、在发展中转型的特点,注定具有不走寻常路、敢为天下先的开拓精神。实践中创建出的一些典型经验,往往既是开拓又是越轨,既启动了发展又埋下了风险,具有时间和地域的局限性,存在一些问题。但发展是硬道理,实践是检验真理的唯一标准。在推广这些典型经验的过程中,这些问题和不足会通过不断优化创新、进化衍生,逐渐得以解决克服、完善成熟。"重庆模式"、"浙江模式"也是如此。

"重庆模式"、"浙江模式"值得推广学习,但也存在发展中的不足,在理论和实践中,这种模式还需完善优化。随着我国市场经济体制改革的深入,"重庆模式"、"浙江模式"还需拓展创新。

上文中,从界定科技型中小企业融资各主体的权能开始,列出了科技型中小企业融资模式的类型,构建了信用体系建设模型,分析了模式中各主体的权能及整体运行情况,归纳了模式运行机制,并从诸多角度对模式进行了剖析,从中展开了对信用体系建设的研究。但正如前文所述,"重庆模式"、"浙江模式"中各主体的权能是在当时特定背景下的权能,随着地点、时间、环境(宏观、微观)发生变化,实践中各个主体的权能及其作用也将发生变化。权能及其作用发生变化,则运行环节、运行机制就要变化,模式本身就将发生创新优化、衍生演化。

融资模式是信用建设的载体,融资模式变化,信用建设的要点、重点、方式和方法也将会变化。下面做一简要探讨。

第一节 "重庆模式"、"浙江模式"的风险分析

一、法律风险

根据我国《担保法》和《担保解释法》的相关规定,各地政府或财政机关出具的还款承诺不具备担保作用,国家机关违法提供担保的,合同无效,债权人、担保人、债务人根据各自过错承担相应民事责任。"重庆模式"中发挥的担保权能,实质上属政府担保范畴,存在一定的法律风险。

二、金融风险

在"重庆模式"、"浙江模式"里,还贷资金的来源主要是科技型中小企业的经营收入,其次是政府和准政府级担保机构的代偿。所以科技型中小企业的质量就是问题,虽然国家开发银行要审核批准,但在企业选择中政府意志的倾向性仍很强,风险同质化集合控制机制还不够精致。虽然"重庆模式"、"浙江模式"尚未出现这种问题,但潜在风险不容忽视。

三、体制风险

"重庆模式"和"浙江模式"中的融资平台设计,有的不是一般意义上的市场主体,它不以利润最大化为目标,而以实现政府目标为经营宗旨,为地方政府所有。平台自身的董事会就设在市长办公室,经营职能授权给由政府各个职能部门临时抽调的人员组成的总经理办公室行使,公司监事会有审计代表,监事会的部分职能由政府职能部门行使。因此,缺少具备现代企业制度所要求的治理结构。

第二节 融资模式及信用体系建设展望

一、模式演化方向展望

政府公共职能要向服务性、政策性转变(渐渐淡出实操性、主导性);国家开发银行的发展模式要向商业性、市场性金融转型(逐渐向盈利性目标函数趋近,

向低政策多元业务型发展);企业经营管理要向现代企业制度努力(具备完善清晰的治理结构以及成熟、自立、自主的法人);市场运行机制要向主导配置资源迈进(替代政府配置资本资源,以市场原理创造社会财富),这是各相关方未来的发展方向。

与上述趋势相应,科技型中小企业投融资体制将呈现出投资主体多元化、运作市场化、资金来源和投入多样化的局面,将逐步形成中国特色的 PPP(Public-Private-Partnerships,公私合作机制)框架,BOT①、ABS②、TOT③ 等融资模式也将在我国科技型中小企业融资中发挥作用。

融资模式发生了变化,融资模式运行机制的具体内容也会随之变化。在实践中,各个地区、各个项目由于优化点、创新点不同,将产生不同的值得借鉴与推广的运作模式。此时,相对应的信用体系建设的内容和重点也会随之变化。

"重庆模式"、"浙江模式"属于科技型中小企业融资模式中的第三种,必然向第四、五、六种模式发展,即向"银行—企业—市场—社会"模式、"企业—市场—社会"模式、"政府—市场—社会"模式发展。

二、优化点、创新点展望

1. 权能的优化与创新

随着运作经验的丰富和理论指导的加强,无论是政府、市场、企业还是金融机构,其权能界定将不断清晰,内容将不断完善,功能将不断协同。这些权能的优化和创新,必然使模式向更加精致和高效的方向发展。如国家开发银行自1994年组建以来,按照政策性金融的市场定位,在支持国家基础设施、基础产业和支柱产业项目方面发挥着重要作用。1998年以来,国家开发银行以市场为导向,结合国家信用,以市场业绩为支柱,通过建设市场来实现政府的发展目标,探索了一条新的开发性金融的发展道路。目前,国家开发银行进入了改革发展的第三个阶段,其改革特色主要为:一是按照建立现代金融企业制度的要求,发挥

---

① Build-Operate-Transfer,即建设—经营—转让,是指政府通过契约授予私营企业(包括外国企业)以一定期限的特许专营权,许可其融资建设和经营特定的公用基础设施,并准许其通过向用户收取费用或出售产品以清偿贷款,回收投资并赚取利润;特许权期限届满时,该基础设施无偿移交给政府。

② Asset-Backed-Securitization,是以项目所属的资产为支撑的证券化融资方式,即以项目所拥有的资产为基础,以项目资产可以带来的预期收益为保证,通过在资本市场发行债券来募集资金的一种项目融资方式。

③ Transfer-Operate-Transfer,即移交—经营—移交。TOT 方式是国际上较为流行的一种项目融资方式,通常是指政府部门或国有企业将建设好的项目的一定期限的产权或经营权,有偿转让给投资人,由其进行运营管理,投资人在约定的期限内通过经营收回全部投资并得到合理的回报,双方合约期满之后,投资人再将该项目交还政府部门或原企业的一种融资方式。

国家开发银行的独特优势,创新中国金融业发展的模式;二是全面推行商业化运作,以市场化方式实现国家发展战略,体现国家性、战略性、长期性和开发性;三是主要从事中长期业务,充分运用国家开发银行多年的实践成果和优势,支持国家的重大项目建设;四是国家开发银行是国有银行,要增强政府和市场信用,保持国家开发银行信用的连续性;五是建立与商业化运作、中长期业务相适应的市场定位、风险控制、业务功能、组织架构、治理结构、经营管理,为国家开发银行的发展创造条件。因此,伴随着国家开发银行的改革,其权能经历了从政策性权能发展为开发性权能,之后又在保留发展开发性权能的基础上,增加了商业性运作权能的变化过程,是与我国市场化改革及经济发展不同阶段的需要相一致的。

2. 机制的优化与创新

随着模式运作的成熟,运行机制将更简洁流畅、多维高效。如企业法人制度、市场机制得到充分建设与完善之后,银行不但可以直接与企业权能协同,立信放贷,还可以和商业银行、资本市场权能协同,联手分担信用风险,使得项目模式更易成功,也使得信用体系建设更有保证。

三、实际操作中的展望

1. 融资主体多样化

随着市场机制的成熟、企业现代化制度的健全和项目的经营模式、盈利模式的创建,商业化金融、私人资本和证券资本将渐次进入。投融资主体将呈现多元化的局面。

2. 目标函数商业化

随着国家开发银行经营目标和模式的转型,以及科技型中小企业融资平台等企业独立经营之后盈利冲动的加强,在满足政策性、政府性目标需求的同时,商业化目标函数必将成为经营主题。

3. 运作机制市场化

目前的运作模式中,其运行机制带有明显的政策性和政府性色彩,随着市场化成分的加大,从入口、运行到出口的运作机制以及模式内部运行的四个机制,都必将被市场自身的机制重新塑造,成为推动项目运行的全新发动机。

4. 运作平台自主化

当企业及金融机构的信用与权能和国家或政府相分离之后,运作的平台将由作为市场主体的企业和金融机构搭建,在这个自主搭建的平台上,各方将按照市场机制和现代企业制度的要求,配置资源,创造财富,增值社会资本。

5. 价值取向利益化

在市场机制的指导下,创新是为了利益,共赢是利益的共赢,利益是指挥棒,指挥着项目各方以利益为目标,更多更好地创造社会资本,推动产业发展与升级。

6. 可持续发展战略化

在机制建设、发展路径和模式选择都已经确认的情况下,企业的中长期可持续发展成为关注的要点,对可持续发展的关注必将上升到战略性高度。可持续发展的战略化要求,也是信用体系的建设性、目的性原则指向。

第二部分

信用融资模式创新实践与信用体系建设研究

要破解科技型中小企业融资难问题,必须根据开发性金融对科技型中小企业信贷支持的原理,拓展目前开发性金融对科技型中小企业的融资模式,设计商业银行、社会资本、投资机构等对科技型中小企业信用融资的新模式,有意识地建设并充分利用融资模式的"外溢效应",吸纳诸如信托、风险投资、社会闲散资金等金融资源以及证券公司等资本平台的资本资源,以便更好地解决科技型中小企业融资难问题。本部分根据国家开发银行对科技型中小企业开发性信用融资支持的运作原理,以及诸多商业银行和资本机构对科技型中小企业信用融资的成功实践,经过提炼、总结及创新,提出了建立在信用体系建设基础上的"开发型信用融资模式"。

第七章

政府及开发性金融在科技型中小企业信用融资中的创新及信用体系建设分析

科技型中小企业融资难问题,确实不是一个单位、一种资源、一个方面、一个角度所能解决的。简单的"八仙过海,各显神通"解决不了问题,因为"单兵作战"很难解决前述科技型中小企业融资难的诸多相互关联的具体问题,必须设计一个基于"信用本位"的能将信贷市场、金融市场、资本市场整合进来全方位支持科技型中小企业融资的新模式,才可能破解这个难题。

这样的模式需要有一强势方主导整合资源、孵化推动,而其他各角色方必须取长补短、优势互补、资源共享、和衷共济,既"八仙过海,各显神通",又拧成一股绳"众人拾柴火焰高"、"批量解决",最重要的是要符合市场利益交换原则,为模式运行提供可复制、可持续的支撑,才有可能真正解决科技型中小企业的融资难问题。

按照这样的思路,笔者与金融界、资本界的很多专家进行过多次讨论,但得出的共同结论是:难!因为,如果动用政府资源来牵头做,以行政权威强行推进,一是政府支持容易犯计划经济时代的错误,同时科技型中小企业大多是非公所有制,存在体制障碍,而且财力也不够;最根本的是,这样做不符合我国发展市场经济的大方向。目前来看,科技型中小企业这个融资市场主体的资质不成熟,市场基本是空白,各方对启动融资的积极性都不足,而且各相关方隔行如隔山,每一方的威信和能力都有限,再加上成本太高、前途未卜,如果用市场机制来解决,大多数会选择放弃。

但笔者在研究了国内外对科技型中小企业融资的经验做法后,觉得总会有化解融资难问题的好办法,总会探索出解决方案。因此,笔者一方面从理论上探索利用信用体系建设来破解融资难的出口,另一方面密切关注着国内外对科技型中小企业的融资实践。

2008年,浙江杭州出现了"平湖秋月"和"宝石流霞"的融资实践。平安银行推出了平安"一贷通"计划,该计划具备担保组合、信用增级、随借随还、综合金融四大功能,旨在为符合条件的中小企业提供充分的融资支持。很多高新区为支持在园科技型中小企业,也积极探索破解科技型中小企业融资难问题的解决之道。国家开发银行在北京中关村创业园也进行了一些实践,各个商业银行对中小企业尤其是科技型中小企业也纷纷开展了基于信用的融资实践,为笔者创立的"四三七"理论模型可行性的确认和印证,以及内容的丰富和完善给予了重大启发。

　　这些实践,尤其是浙江杭州的成功实践,北京中关村创业园和广东东莞松山湖国家级科技园的实践,以及一些如包头商业银行、台州银行、浙江泰隆商业银行、民生银行等商业银行的实践,都为本书创建的"四三七"理论模型的可行性提供了实证,它们提供了内容、机制和标准等各个不同点位上的成功实践,尤其在"集约、集中、威信主导、流程"等方面的启示更加突出。这不但印证了笔者研究思路的正确性和付诸实践的可行性,而且支持笔者创建了以信用体系建设为支撑的"开发型信用融资模式"。从"开发性"到"开发型"的跃进,使得"四三七"理论模型的视野豁然开朗,实际操作空间大大拓展,使以信用建设为基础,解决科技型中小企业融资难问题有了全新的发展思路和丰富多彩的解决办法。

　　本章将分析国家开发银行和地方政府作为威信主导者对科技型中小企业的信用融资实践,探索其中的信用体系建设内涵,第八章将研究商业金融在科技型中小企业融资中的成功案例[1],用实证分析为第九章创建的开发型信用融资模式打下基础。

第一节　中关村模式[2]

　　"瞪羚计划"[3]是北京市专门针对中关村高科技企业的融资实践。该模式通过政府的引导和推动,将信用激励和约束机制同担保贷款业务进行有机结合,凝

---

[1] 银企互联教育机构,中国企业金融研究院.中小企业融资实训教程[M].北京:中国金融出版社,2013.
[2] 中国人民银行营业管理部发布2009年北京中小企业信贷创新产品汇编.北京中小企业网[O]. http://www.bjsme.gov.cn/news/200909/t67875.htm
[3] http://www.zgc-cp.gov.cn/546-1109-875.aspx

聚各方资源,由中关村科技担保公司①挑选项目,由国家开发银行北京市分行进行进一步的信用和项目评审,最终发放贷款,为有能力、守信用的"瞪羚企业"构建高效率、低成本的担保贷款通道,帮助它们跳得更高,跑得更快。

从信用融资角度分析,该计划的信用建设主体包括:国家开发银行、政府(中关村科技园区管委会)、社会中介机构(中关村科技担保公司、中关村企业信用促进会、信用评级机构)、协作银行、中关村科技园区内申请贷款的中小企业。其流程为:中关村企业信用促进会负责信用管理和信用奖惩评定,并由其指定信用评级机构负责对"瞪羚企业"进行信用评级;中关村科技担保公司负责受理担保申请、资格认定和担保评审,为企业向银行提供担保,代办贴息;承办银行负责审查和审议借款人提交的材料、评级机构提交的评级报告、担保公司提交的材料,实行绿色通道贷款政策;中关村科技园区管委会负责组织和监管"瞪羚计划"实施,为企业提供贷款贴息支持。

国家开发银行北京市分行开行营业部于2003年12月26日成功地向海特光电有限责任公司发放了第一笔1 000万元"瞪羚计划"贷款。截至2007年6月底,开行营业部累计为属于"瞪羚计划"的北京数码视讯科技有限公司等共计24个客户26个项目发放贷款35 350万元,已有6家客户的7个项目顺利完成贷款项目的建设并还清本金。

具体的运作机制如下:

(一)威信主导者

中关村科技园区管委会和国家开发银行北京市分行是中关村科技园区信用体系建设的设计者和推动者,负责组织和监管"瞪羚计划"的实施,提供贷款贴息(企业)及担保补贴(担保机构)。国家开发银行在其他信用主体评审的基础上进行进一步的项目评审并提供贷款。

(二)信用平台建设

成立中关村企业信用促进会,它的主要任务就是促进中关村科技园区的企业信用体系建设,具体如下:

首先,负责对其指定的信用评级机构的相关业务进行指导和监督。

其次,负责对"瞪羚企业"进行信用管理和"五星级"评定。通过整合企业融

---

① 北京中关村科技担保有限公司成立于1999年12月16日,注册资本金6.03亿元,是中关村国家自主创新示范区专项融资优惠政策执行机构,是北京市主要的政策性担保机构,融资性担保占全市的25%以上,是国家工信部指定的全国担保机构创新孵化培训基地和国内最具影响力的担保机构之一。

资、担保和商业往来中的信用记录,密切关注企业的信用信息。对保持良好信用记录的会员企业,管委会可给予一定的信用奖励,信用促进会也给予积极宣传;对有信用失范行为的企业给予警告或处罚。

再次,为企业提供信用服务。对有贷款担保需求的企业,信用促进会积极配合管委会推出的"瞪羚计划",协调信用评级机构、银行和担保机构的业务,为企业提供快捷的信用评级和融资担保服务。对园区大企业,信用促进会可通过协调信用中介机构和担保机构,为它们提供客户信用调查、合同履约保证和买方信贷担保等方面的服务。

最后,信用促进会还会定期组织园区企业参加信用培训讲座。通过为会员企业提供各种服务,让企业真正感受到讲信用所得到的实惠。

另外,信用评级机构负责对"瞪羚企业"进行信用评级,对企业的信用疑点进行深度调查,并将相关情况告知中关村科技担保公司。对不能评为入选项目的,需向中关村企业信用促进会做出说明。

（三）放贷科技型中小企业标准

贷款对象全部为中关村科技园区的中小高科技企业,涉及电子、计算机、环保、数字电视等热点行业,国家开发银行北京市分行开行营业部发放的贷款有力地支持了这些企业的发展。该项目只针对中关村科技园区内的高新技术企业,除此之外企业还需具备两个条件：第一,以企业申请"瞪羚计划"上一年度实现的技工贸总收入规模[①]及技工贸总收入和利润的同比增长率作为界定标准,企业的技工贸总收入规模须在1 000万元至5亿元之间。其中又分三个级别：总收入在1 000万元至5 000万元之间,收入增长率达到20%或利润增长率达到10%;总收入在5 000万元至1亿元之间,收入增长率达到10%或利润增长率达到10%;总收入在1亿元至5亿元之间,收入增长率达到5%或利润增长率达到10%。第二,企业必须接受中关村企业信用促进会指定的信用中介机构的信用评级,信用等级要达到ZC3以上[②],并加入中关村企业信用促进会接受信用管理。"瞪羚企业"名单由中关村管委会根据企业上报的统计数据和"瞪羚企业"的条件,于每年5月统一确定,并通过中关村管委会网站（www.zgc.gov.cn）向

---

① 技工贸总收入是指科研单位在科研生产经营、技术转让、技术咨询、技术服务、技术培训及贸易活动中通过各种形式、各个渠道获得的收入。技工贸总收入＝财政补助收入＋科研收入（纵、横向项目）＋产品销售收入＋技术性收入＋专项资金收入＋院所创办公司或实体技工贸收入＋其他收入。

② 企业信用评级划分为ZC1、ZC2、ZC3、ZC4、ZC5五级,ZC3级是指企业在经营、信贷、纳税等方面信誉良好,享有良好的社会信誉,有着良好的经营业绩,企业财务状况良好,在行业中处于一般地位,企业的信用风险一般。

社会公开发布,当年新名单未发布前按上年度"瞪羚计划"企业名单执行。

(四) 融资平台建设

成立中关村科技担保公司,负责受理"瞪羚企业"的担保申请和资格认定,提供快捷担保服务,实施在保管理和违约追偿,代办贴息业务。对不能给予担保的项目,其需向中关村科技园区管委会做出说明。合作担保机构为企业提供贷款担保服务的,实行快捷担保审批程序,简化反担保措施,担保机构执行0.3%的评审费率和不超过2%的担保费率。

(五) 贷款运作

由国家开发银行进行信用和项目最终评审,决定是否发放贷款。协作银行负责向获得担保的"瞪羚企业"发放贷款,实行"见保即贷",执行优惠利率。协作银行实施快捷贷款审批程序,可根据自身的风险控制与承受能力,在银行贷款基准利率的基础上,各自制定上浮标准,但上浮幅度不得超过基准利率的20%。担保贷款期限原则上不超过3年。

(六) 信用奖惩措施

信用奖励措施:一是实行"五星级"评定制度。企业首次获得"瞪羚计划"支持,即被评定为"一星企业",贷款贴息率为20%。以后每完成一个年度的履约,增加一个星级,贴息率增加5%,最高达到"五星企业",贴息率最高为40%。同时协作银行也依据上述评定规则,给予"瞪羚企业"贷款利率下浮优惠,"一星企业"执行基准利率,每增加一星,利率下调2.5%,最高下调10%。二是按照不同的星级进行贴息。中关村管委会为实际贷款期限在3个月以上,并按期还本付息的"瞪羚企业"、软件外包企业、集成电路设计企业,按照银行贷款基准利率的一定比例提供贷款贴息,贴息比例与企业的"星级"对应关系为:一星企业贴息比例为20%,二星企业贴息比例为25%,三星企业贴息比例为30%,四星企业贴息比例为35%,五星企业和百家创新型企业贴息比例为40%。

信用处罚措施:企业若发生与"瞪羚计划"相关的违约行为,在担保公司和银行对其追偿的基础上,给予降低"星级"处罚,并视情节轻重,可向社会公布其失信行为,乃至开除出信用促进会。

第二节 北京高创中心模式[①]

国家开发银行与北京市高新技术创业服务中心(以下简称"高创中心")建立了合作关系,由高创中心成立统贷平台,面向北京市科技型中小企业给予金融支持。由高创中心挑选优质项目,由国家开发银行进一步进行项目评审,最终发放贷款。

(一)业务范围和特点

北京高创中心这一统借统还信用信贷平台,负责小客户的开发、申请受理、贷款评议,批量向国家开发银行申请贷款,负责贷款的贷后管理及统借统还,对国家开发银行承担最终还本付息责任,很好地实现了借力的原则。高创中心通过制订实施方案,明确了相关主体的职责,确定了运转流程,建立健全了相关制度,降低了贷款的操作风险;同时,引入政府组织征信及信用激励机制,将中小企业信用建设的成效与贷款支持的规模和力度挂钩,通过融资推动信用建设。

国家开发银行通过贷款平台对科技型中小企业打包贷款这种创新模式实现了银、政、企等多方共赢:一是政府部门通过贷款平台将银行资金引入科技领域,促进科技成果转化,改善社会生存环境,科技型中小企业得到发展,新增大量就业岗位,大幅增加了国家税收,社会效益得以显现,政府支持中小企业发展的资金最大限度地发挥了杠杆作用,实现了政府的目标。二是通过平台建设弥补了银行人员不足及对高科技领域了解不够的缺陷,银行业务得以拓展。通过建立中小企业信用促进会,实行民主评议,孵化企业和个人信用,有力地推动了试点地区的信用建设,使得国家开发银行的信用体系建设向下延伸到基层,诚信观念深入众多中小企业和个人,实现了国家开发银行信用体系建设及融资推动的目标。三是促进了中小企业业务扩张,增强了市场竞争力。营业部目前有贷款余额的中小企业在贷款到位后业务发展迅速,企业产能和销量快速上升,提高了企业创利能力,企业实力增长迅速,同时改善了企业融资环境,提升了企业融资能力,有的已经成功地进入资本市场。

(二)参与主体

(1)融资平台。由北京市高创中心承担融资平台职能,即借款主体,负责批

[①] 中国人民银行营业管理部. 2009年北京中小企业信贷创新产品汇编[O]. 北京中小企业网 http://www.bjsme.gov.cn/news/200909/t67875.htm

量向国家开发银行申请贷款,负责贷款的统借统还,对国家开发银行承担最终还本付息责任。在借款主体内部组建专管机构,专门负责小客户(个人或企业)的开发、申请受理、贷款评议、贷后管理和贷款本息催收等工作,并负责承办中小企业信用管理的具体工作。创业中心利用分布在北京十八个区县的科委以及孵化器网络的力量,由专管机构进行贷款项目推荐、辅助调查、后期跟踪以及对企业的信用约束等工作。

(2)担保单位。该项贷款由北京晨光昌盛投资担保公司作为担保方提供连带保证责任。

(3)委托代理行。借款主体经国家开发银行同意,在北京市中小商业银行中择优选定,负责受托办理贷款结算业务。

(4)国家开发银行。国家开发银行营业部负责受理和审批借款主体提出的借款申请并提供贷款资金,向借款主体催收贷款本息及贷后管理;负责按季对以下内容进行评审:贷款信用建设成熟度、融资平台信用、还本付息进度、贷款审议和管理、制度的建立和执行、小客户开发、担保机构的担保能力等;负责指导、推动北京市中小企业和融资平台的信用建设和制度建设;负责借鉴国内外先进经验,对营业部员工进行业务培训,组织开展对专管机构等相关人员的培训,并通过专管机构和信用管理机构加强对有关项目人员的培训,以增强借款人的信用意识,提高项目管理人员、评议人员的业务水平和工作效率。

(三)实施效果

截至 2007 年 6 月 30 日,营业部累计向北京高创中心发放八批贷款,共计 21 350 万元,贷款余额 12 700 万元,支持了 38 个科技型中小企业项目,创造就业岗位 2 100 人,无一例不良贷款。

第三节 杭州模式[①]

2008 年年初,为帮助中小企业解决融资难问题,由杭州市西湖区政府发起,西湖区科技局、财政局联合相关金融机构,将政府扶持资金、银行、担保公司、社会资金捆绑在一起,建立了西湖区企业成长引导基金,采用小企业集合债权信托基金形式融资,基金数额达 2 亿元。

---

① 金雪军,陈杭生,等.从桥隧模式到路衢模式[M].杭州:浙江大学出版社,2009:21—25.

2008年9月12日,首期"平湖秋月"项目公开发行,规模5 000万元,由西湖区财政局投资1 000万元,杭州点石引导投资有限公司(以下简称"点石公司",点石公司注册资金为1 000万元,其中中新力合股份有限公司(以下简称"中新力合")出资800万元,杭州富源实业投资有限公司出资200万元)认购1 000万元,该2 000万元不要求回报,其余3 000万元由杭州银行向社会发行,期限为2年,年利率为7.5%(接近银行一年期贷款基准利率7.47%)。

　　该项目由点石公司负责运营,同时由点石公司(为信托顾问)、信托(为信托发行人)、银行(为信托保管人)、西湖区科技局组成企业评定委员会,审核推荐企业是否符合标准。项目设定的入选企业标准有:(1)注册地在西湖区,并在西湖区纳税;(2)成立2年以上,经营稳定,并且上一个会计年度有盈余;(3)资产负债率低于85%;(4)上一年度销售额大于等于300万元;(5)企业实际控制人在杭州有房产,并有2年以上从业经验;(6)企业及主要经营者无不良信用记录。

　　首期入选企业20家,大部分为科技型中小企业,涵盖了西湖区的电子信息、新材料、高效农业、创意文化等产业。电子产业7家占35%,成为重点扶持对象。发放贷款20万元到750万元不等,户均250万元。户均贷款额度小,降低了政府资金的投入风险,提高了信托贷款的稳定性和安全性。具体如表7-1所示。

表7-1　"平湖秋月"项目入选企业行业额度分布表[1]

行业	入选企业数 数目(家)	入选企业数 比例(%)	发行额度 额度(万元)	发行额度 比例(%)	注册资金 额度(万元)	注册资金 比例(%)	2007年税额合计 额度(万元)	2007年税额合计 比例(%)
电子信息	7	35	2 450	49.0	7 018	41.4	992.2	58.6
新材料	1	5	600	12.0	1 200	7.1	448.7	26.5
环保节能	2	10	400	8.0	1 380	8.1	75.1	4.4
知识型服务业	4	20	460	9.2	1 458	8.6	124.8	7.4
文化创意	3	15	370	7.4	3 160	18.6	16.8	1.0
高效农业	3	15	720	14.4	2 750	16.2	35	2.1
合计	20	/	5 000	/	16 966	/	1 692.6	/

　　在项目实施过程中,中新力合对首期5 000万元贷款全额担保,如果到期出现违约,则由中新力合全额代偿,政府、银行、社会资金不承担风险。在后续过程

---

[1] 金雪军,陈杭生,等.从桥隧模式到路衢模式[M].杭州:浙江大学出版社,2009:22.

中,中新力合联合了相关银行为项目继续引进银行信贷资金,帮助企业持续融资,解决资金困难。同时,针对企业的股权特点,点石公司联合专业股权投资机构,积极推动这些企业的股权融资。因此,该项目是在尝试通过资本市场与债券市场两种渠道合力解决目标企业的融资难问题。

第二期"宝石流霞"项目解决的是更加专业的文化创意企业融资难问题。最大的亮点是通过设置劣后受益人高风险高收益的方式,成功解决了这一类企业的融资难问题。

"宝石流霞"项目主要是为文化创意类产业中小企业融资。项目产品总额6000万元,由中投信托公司于2009年1月发行。其中,杭州市财政委员会名下的杭州托市财开公司认购1000万元,杭州银行以向社会发行理财产品方式认购4700万元,浙江三生石创业投资公司作为劣后受益人认购300万元,由浙江中新力合对6000万元全额担保。

本项目为涉及文化创意的8大行业29家中小企业提供了信托贷款,发放贷款余额20万元到800万元不等,户均207万元,其中信息服务业、现代传媒业和设计服务业占到总额度的66.3%,即相对成熟的行业占的比重较大,但是,一些相对欠成熟的行业,如艺术品业、动漫游戏业等也获得了一定的信托贷款。入选行业额度分布详见表7-2。

表7-2 "宝石流霞"项目入选企业行业额度分布表[①]

行业	入选企业数目(家)	比例(%)	发行额度(万元)	比例(%)	注册资金额度(万元)	比例(%)
信息服务业	8	26.67	1 660	27.67	4 360	25.53
文化休闲旅游业	4	13.35	700	11.67	2 800	16.39
现代传媒业	4	13.35	1 050	17.50	1 720	10.07
设计服务业	8	26.67	1 270	21.17	5 450	31.91
文化会展业	1	3.35	600	10.00	2 000	11.71
政府培训业	1	3.35	50	0.83	100	0.59
艺术品业	2	6.67	620	10.35	550	3.22
动漫游戏业	1	3.35	50	0.83	100	0.59
合计	29(家)		6 000(万元)		17 080(万元)	

因此,"宝石流霞"项目充分细分了行业所处的阶段,对不同成熟度的行业进行了综合处理(已经具有了同质化批量信贷的特点),在产品设计与实际操作

---

① 金雪军,陈杭生,等.从桥隧模式到路衢模式[M].杭州:浙江大学出版社,2009:23.

中遵循了"控制风险,积极尝试"的原则,设计灵活的风险方案,以满足不同企业的融资需求(已经具有了差异化分类收益的做法)。根据文化创意产业的特点,该项目设计了较低的入选标准,如要求在杭州注册纳税企业,主营业务经营时间超过2年以上,年度销售及盈利符合要求,具有经过市场检验的核心产品与服务,良好的商业模式与发展前景,企业实际控制人居住在杭州等。通过数量多、额度少、行业分布分散的设计,既让更多中小企业得到了贷款,较好地满足了这一行业的融资需求,又充分考虑到了项目的风险控制问题。29家入选企业平均注册资金589万元,平均资产2876万元,平均净资产1448万元,具有较好的发展实力。

"宝石流霞"项目既发挥了政府资金的引导作用,同时又通过风险投资的引入降低了项目风险。之所以风险投资会投资,主要是经过对项目的甄别,认为文化创意中小企业的企业池中存在大量高成长潜力的优质企业,而这些企业正是风险投资青睐的目标客户。所以,该项目汇集了适合风险投资挑选的对象,使企业很好地拓展了融资渠道。

因此,"宝石流霞"项目通过满足不同偏好的资金的需求,让各方都敢于参与融资活动,并获得与所承担的风险相对应的收益,从而解决了这一特点企业的融资难问题。很重要的一点是,各中小企业能够以较低成本获得中长期债权融资,有效地解决了中小企业的融资难问题。

杭州模式的特点及对我们的启发是:这两个支持科技型中小企业融资的项目,与单纯的"不是银行就是风投"的现行融资模式相比,参与投融资的主体多了;采取信托化融资;融资企业采取集合融资,比单一企业对银行的融资有优势;有财政做引导资金;模式发散性大,有发挥拓展的空间。

这些实践将本书提出的开发型信用融资新模式的理论设计部分地实践化、实证化了,对构思科技型中小企业开发型融资新模式提供了有益的实证。

第四节 扬州模式[①]

2010年8月,为帮助科技型中小企业融资,在扬州市广陵区政府主导下,财政、银行、风险投资、信托、担保等五方面资金"五金合一",提出了一种名为"科

---

① 金雪军,陈杭生,等.从桥隧模式到路衢模式[M].杭州:浙江大学出版社,2009.

技创新型企业集合信托债权基金"的创新金融产品,采用"集合信托债权基金"的形式,规模约2亿元。与传统融资产品相比,该产品是在政府的积极引导下,由企业、担保、创投、信托、投资人多方共同搭建的融资途径。产品规模为5 000万元,期限为1年,滚动发行,首次发行的5 000万元信托产品,由广陵区财政局、北京银行南京市分行、厦门信托联合发行,由北京银行、扬州创业投资有限公司共同认购。一般在银行申请的中小企业贷款,都需要在基准利率的基础上上浮30%左右,而这支信托基金的利率只有6%,并且市财政还会给予一点贴息,所以算下来,贷款利率比银行的基准利率还低。扣除广陵区人民政府所提供的利息补贴,5家中小企业的平均付息成本仅为同期银行基准利率上浮12%左右。该产品与传统融资产品的不同在于,政府不仅出"策"还出"资",把企业、担保、创投、信托、投资人和银行融为一体,共同搭建融资途径,且产品统一设计、统一冠名、统一发行、独立负债,是一项极富特色的中小企业融资创新模式。这款产品首期名为"荷塘月色",用于为广陵区5家科技创新企业发放信托贷款。这5家中小企业分别是扬州嘉和散热器有限公司、扬州巨鑫石油钢管有限公司、江苏怡丰通信设备有限公司、扬州巨扬电器有限公司、扬州巨人机械有限公司,均为扬州市广陵区产业园推荐企业。

第五节 开发型金融"四三七"信用体系建设分析

一、信用体系建设中的四项内容分析

如前所述,信用内容建设包括信用结构系统、信用量化系统、信用运行系统、信用支持系统等四项内容建设。

(一)信用结构系统建设

1. 信用主体与平台分析

信用主体分析如下:

(1)国家开发银行:具有准国家级信用。

(2)地方政府、准政府级领导机构:杭州市政府相关机构、扬州广陵区政府、国家高新技术开发区领导小组等都拥有地方政府级信用。

(3)融资平台:中关村模式中是政府和具有准国家信用的银行,北京高创中心模式中是北京高新技术创业服务中心,杭州模式和扬州模式中是政府指定的

信托机构。它们被政府增信后,对投资人(包括政府自己)具有准地方政府级信用,再加上政府对其指定的担保公司的增信,使得信用真正成为信贷得以实施的内在的主导机制。

(4) 担保机构:中关村模式中是中关村科技担保公司,它是北京市主要的政策性担保机构,具有准地方政府级信用;北京高创中心模式中是北京晨光昌盛投资担保公司,它也是政府指定的担保机构;杭州模式和扬州模式中的担保机构同时还是出资人,这使整个信贷项目的信用保证更加有力。

(5) 结算商业银行:具有商誉信用+准政府级信用。

这些信用主体自身的信用能量大、信用质量高,信用不足的也通过组织增信获得了参与资格,得以协作实施对中小企业的融资工作。

(6) 中小企业:按照信用评价指标体系评估确认后具有一定的信用等级。

信用平台分析如下:

信用平台作为重要的信用主体,在信用权能和作为上起着纵向上承上启下传递信用、横向上整合信用资源的重要作用。在以上诸模式中的信用平台主体有:中关村模式中是中关村企业信用促进会,其在中关村管委会指导下具体执行融资工作全过程的信用建设。北京高创中心模式中是高创中心,它既是融资平台也是信用体系建设平台,这个信用平台被当地政府和国家开发银行予以了特别的增信,肩负着融资项目真正执行者的责任和作用,主持着信用各方主体信用共建的统筹、信用增进的推动、信用收益的兑现、信用交换规则的设计和执行等工作。杭州模式和扬州模式中是由政府担当起整个信用体系建设的任务,力度更大。

2. 信用权能与作为分析

这些信用主体的信用权能与作为在第三章第一节中分析过,在此不再赘述。

3. 信用共建与增进分析

按照国家开发银行和地方政府赋予的"统借统还"或者政府参与投资、增信担保等职责,担保机构对资产资信负责,联合信用保证类单位和机构为科技型中小企业的信用信息征集和评价提供报告和监督监察,具体执行对守信和失信企业的考核和奖惩。"杭州模式"和"扬州模式"中,地方政府对其参与融资活动的派出机构都给予了一定程度的组织增信,创新了"投资抱团"、"担保抱团"、"规则制定抱团"、"抱团增信"等,这对信用共建与增进是一个创新。

4. 信用收益与交换分析

这四个模式的所有参与方最后都实现了共赢多赢的圆满局面,尤其是"杭州模式"和"扬州模式",都是在事前充分协商,根据各方的权益诉求,科学测算了各方的信用收益和彼此的交换规则,在政府主导下,为支持对科技型中小企业的融资创新,宁可不要求回报,放弃部分短期利益,在"诚相待、交相利"的信用原则指导下顺利达成的。良好的信用收益预期和严谨的信用交换规则激励并保证了融资项目的顺利实施,同时为科技型中小企业按照"市场出口"的目标以及"融入市场"的需要做了很好的铺垫。"杭州模式"中,项目汇集了风险投资挑选的对象,风险投资的引入降低了项目风险。经过该融资模式的洗礼和项目的甄别,企业池中拥有了大量高成长潜力的优质企业,而这些企业正是风险投资青睐的目标客户。通过这些做法,顺理成章地为科技型中小企业拓展了今后在纯市场上的融资渠道。

这种通过项目满足不同偏好资金的需求,让各方都敢于参与融资活动,并获得与所承担的风险相对应的收益,从而解决这一特点企业的融资难问题,同时,为今后脱离政府庇护而自主进入金融资本市场融资的尝试是信用收益与交换的成功。

(二) 信用量化系统建设

本部分内容在以上四模式中开始尝试应用,但尚处在简单初级阶段。杭州模式和扬州模式在引进风险投资、信托公司和资本机构等上,开始进入金融衍生产品的设计阶段,开始建立对信用定量定级与风险定价相关联的分析。因此,杭州"宝石流霞"项目充分细分了行业所处的阶段,对不同成熟度的行业进行了量化的综合处理,已经有了量化同质批量信贷概念的端倪,并在产品设计与实际操作中遵循了"控制风险、积极尝试"的原则,通过设计灵活的风险方案来满足不同企业的融资需求,已经有了差异化分类收益概念的意思。

(三) 信用运行系统建设

1. 信用征集与确证

中关村模式和北京高创中心模式是国家开发银行主导的融资实践,所以这两个模式中信用运行系统建设的经验非常丰富。除国家开发银行调研建设外,两个模式搭建起来的融资平台和信用平台都建立了各种渠道来征集科技型中小企业的信用情况。

2. 信用整合与产能

地方政府、准政府职能机构以及国家开发银行等威信主导者以科技型中小企业为圆心,各个信用主体与科技型中小企业在信用体系建设上都以"八仙过海,各显神通"的方式汇集整合信用。并且各个信用主体本身也在积极开展内在、外在的信用升级等活动，使得各方的信用都发生了质的变化，使信用真正开始为融资成功发挥实质性作用。科技型中小企业的集合融资是对科技型中小企业信用的整合，以上模式已经开始考虑根据不同的同质性分类集合，如根据科技型中小企业所处的企业生命周期的种子期、初创期、成长期、成熟期等阶段分类集合，根据所属产业分类集合，根据规模大小分类集合，根据风险级别、融资额度等分类集合，这种同质化的组合是对个体信用的整体整合，这与今后开发新金融产品、资产证券化运作对信用的严格要求是相吻合的。对担保公司也是一样，以上实践的"抱团增信"只是开了个头，无论在组成上、功能上，还是在运作方面都处在初级阶段，今后在深度引进信托、风险投资、资本机构重新设计融资模式时，会更有进行信用优化整合、产能创新的空间。

3. 信用升级与溢出

以上模式虽然还处在初级阶段，对信用升级还处在按期归还本息后予以奖励的信用提级层面上，其信用外溢效应也相应很原始和初级，只是体现在一定授信额度的优惠、再次开展信贷的优先权以及信用记录的更优质上，但是已经开始了经由信用升级带来的信用价值溢出，而产生的诸多衍生和放大效应的大胆尝试，已经看到了"市场出口"的良好远景，如风险投资的进入、股权融资的承接、信用对不同偏好以及收益要求差异化的投资者分选机制的初步形成等。

（四）信用支持系统建设

开发性金融以其准政府身份，以信用建设为前提，承担着对社会行业和地方经济扶持服务的职责，而政府本身就是威信的最大体现者、诚信的最大推行者，信用体系建设既是其职责，也是其利用信用体系建设将企业、产业、行业"扶上马，送一程"到"市场出口"的最好抓手。所以，以上四模式都十分重视信用支持系统的建设。

开发性金融以"信用本位"为运行基础，通过"四个建设"的孵化，实现"市场出口"是其目标。正是这样，国家开发银行和所有参与融资各方在信用观念的塑造、信用文化的形成、约束激励机制的建立、信用制度的健全和创新、可持续机制的建设等方面是题中应有之义。

鉴于"市场出口"的历史使命，无论是国家开发银行还是杭州、扬州地方政府，在以政府引导为主转向以市场配置为主的轨道中，做了积极且有意义的尝试。但信用支持系统的建设在我国整体层面上开展得很不完善，存在起步晚、动作慢、功效少、使用受限等问题。

二、信用体系建设中的三个机制分析

开发性金融"政府入口—国家开发银行孵化—市场出口"的运作模式,地方政府或准地方政府机构利用自己的信用资质和专项资金引导,所希望的就是把企业、产业、行业从入学到毕业、从自利到自觉、从官治到法治、从接轨到永续地培育成完整的信用主体,然后自主参与到纯市场中去融资发展。这与本书构建的信用体系建设之"威信整合资源—守信保障运行—公信支撑可持续"三个机制是吻合的。

(一)威信整合资源机制

在政府和开发型金融主导的为科技型中小企业融资的中关村模式和北京高创中心模式实践中,地方政府用政府权威整合了具有准国家级信用的国家开发银行,二者主导建设了政府投资公司、商业银行、租赁机构和信用机构等准政府部门信用级别的融资平台并予以增信,以此继续整合具备代偿能力的担保公司、可以提供科技型中小企业信用信息的各种渠道和政府部门、民间机构、科技型中小企业的上下游关联企业和同行业企业,一起评估科技型中小企业的信用价值;再整合具有高成长性和高收益的科技型中小企业,最后共享科技型中小企业发展的收益。

在地方政府主导的杭州模式、扬州模式中,地方政府从地方产业结构升级的诉求出发,先是整合具有准政府职能的投资、担保、信托机构,整合创制模式为科技型中小企业融资,取得经验后进一步整合更具社会性、市场性、民间性的资本机构、金融机构、中介机构,创制更现实的金融衍生工具来为科技型中小企业开展融资服务。在这期间开展信用体系建设、机制制度建设、研究创新模式、对接市场出口等,充分起到了主导威信整合资源的作用,为信用融资的实施起到了发起、启动、推动、完善等原始缘起性的关键作用。

具有市场性质的信托、风险投资和资本机构等,如果没有威信信用主体的引导,很难参与到对科技型中小企业融资支持的大业中来。这就是威信整合资源的信用体系建设机制。在新模式中,政府引导资金的"增信及放大机制",对科技型中小企业采取信用同质集合打包融资,通过信托将债权证券化并整合吸引社会投资者设计等,都必须以威信整合资源机制为前提才能展开。

(二)守信保障运行机制

地方政府无论是根据国家产业政策和地区发展需要,向国家开发银行提出申贷项目，还是利用自己的权能整合社会资本投资方，尽管政府有权推选科技型中小企业入围，但要做出风险分担承诺，就需要政府守信用，以增强国家开发银行和社会资金对科技型中小企业的放贷信心。而国家开发银行、融资平台、信用平台更要信守通过资金扶持科技型中小企业建章立制、建设市场的职责，必须对项目进行筛选评估，对政府承诺、企业法人建设和市场前景等进行缜密的信用评审，以评估确证政府、项目、企业和预期市场的信用情况，确定开发性贷款总量，从而推动项目的实施。与此同时，企业和市场作为被建设和培育的要素而被过程预设和角色预设，共同进入项目启动运行过程。

资金进入项目之后，信用的主动权掌握在融资平台和科技型中小企业一方。此时，地方政府以其信用权能提供增信支持，而国家开发银行、担保机构出于信贷安全的考虑，开展对企业进行孵化的工作，指导融资平台或者协作银行及其管理的科技型中小企业建设和完善其不成熟的治理结构、制度机制、经营模式、盈利模式及现金流，进行市场培育和市场引入等工作，以帮助科技型中小企业在开发性金融的孵化洗礼下"毕业"，以期望它们形成完整厚实的信用资本，进入市场经济的海洋去畅游。与此相对应，科技型中小企业也只有积极配合国家开发银行、融资平台、信用平台、担保机构的培育孵化，以经营和管理模式的优化、现金流建设保证阶段还款付息，以守信消除政府、开发性金融、融资平台、信用平台、担保机构对"道德风险"的担心以及失信对各方造成的经济损失和信用代价。融资平台要信守约定的监管职责，通过信用信息征集与评估，不断对科技型中小企业的信用状况和守信取向做出判断，以便政府、开发性金融和担保机构及时采取应对措施，保障项目顺利进行下去。这个阶段是项目各方合力以"信用本位"为指导合作共建的阶段。

以上四个模式，尤其是杭州模式和扬州模式，在守信保障运行机制的建设中相对简单，一些简便易行的诸如守信激励机制、失信惩罚机制、失信代偿机制、同业横向信用联保机制、产业链纵向信用互保机制等基本上可以保证项目的顺利进行。在向投资主体多元化、金融产品证券化、收益模式组合化、退出机制市场化等方向拓展上，还处在试探性初步尝试阶段。在信用主体增加、产品多样、运作复杂时，还要设计诸多如包括社会投资人、机构投资者、风险投资人在内的"信用收益凝聚机制"，根据科技型中小企业资信等级建立的"分级信托机制"，"收益风险的差异化对等机制"，"收益组合发散和外溢机制"，担保机构的"不完全担保机制"等。而这些机制的建立，能把各方权能更有效地整合起来，把各方诉求和偏好设计进去,使守信保障运行机制内容更加丰富。

（三）公信支撑可持续机制

市场是以利益交换为根本运行规则来决定商业行为、市场行为的。最理想、最成熟的市场经济,理论上就是一个由最信守规则和恪守信用的各个利益主体组成的"诚相交、交相利、利相久"的可持续的共赢经济组织及其行为。地方政府和开发性金融孵化到最后,最理想的退出方式就是"市场出口"。这也是地方政府和开发性金融建设市场和制度功能的体现和目的。这是以市场利益交换原则塑造公信做支撑的。这要求由"政府威信"主导的信用体系建设向"市场公信"主导的信用体系建设转型。

以前两个阶段的信用建设成就为基础,定型、完成市场经济要求下的信用制度建设、信用文化建设、信用机制建设、企业法人建设、现金流建设,从而完成"市场出口"的使命,是公信支撑可持续机制的主要内容。

经过公信支撑可持续机制的培育,信用建设进入了一个市场主导、政府引导,融资各方以公信做内在支撑的可持续发展的良性循环轨道。在以上四个模式中,孵化后科技型中小企业的经营成果和现金流完全可以覆盖贷款。政府不再承担责任,增信任务完成,政府资金退出,信用空间释放,企业走上通过市场或引入商业性资本开展下一轮市场主导融资的发展壮大之路,留下的是经过国家开发银行、北京、杭州、扬州等地方政府孵化后强大的、可以制度化的、可以逐渐立法的并可以转入市场中去的公信支撑力。

三、信用体系建设中的七项标准分析

一种解决方案的标准建设研究,需要更多的案例才好提炼,在政府和开发型金融对科技型中小企业信用融资的实践中,对这七项标准,本书将在介绍完商业金融对中小企业的融资实践及其信用体系建设的八个案例之后一并做分析,在此不再赘述。

第八章

商业金融对中小企业的融资实践及其信用融资要素分析

中国人民银行、银监会、中国银行业协会一直关注中小企业特别是科技型中小企业的融资难问题,自2008年以来持续组织、推动、评选对中小企业的金融产品创新工作,将各商业银行推出的有特色、可借鉴、有复制价值的模式进行推广。据不完全统计,全国金融机构推出的支持中小企业的信贷创新产品总计超过340项,包括流动资金贷款、周转贷款、循环贷款、打包贷款、进出口退税账户托管贷款、商业汇票承兑、贴现、买房或协议付息票据贴现、信用卡透支、法人账号透支、进出口贸易融资、应收账款保理、保函、贷款承诺等。[1] 但是这些创新主要集中在担保和抵押方式上,而这正是科技型中小企业的软肋和弱项,对科技型中小企业特有的信用资本挖掘、开展信用融资的创新却是乏善可陈。所以,这些创新起到了一定作用,但起不到根本作用,对解决科技型中小企业融资难问题,在数量上只是杯水车薪,在本质上没有对症下药。

为切实解决中小企业融资难问题,银监会牵头组织各相关部门,已经出台了一系列包括"六项机制"要求、"两个不低于"工作目标、"尽职免责"制度建设、鼓励"专营机构"建设等措施。[2] 2008年年底,国务院发布了金融"国九条",明确要求"提高中小企业贷款比重"。2009年的《政府工作报告》明确提出"加大对中小企业的金融支持,切实解决中小企业融资难的问题"。十八大报告中,重点强调支持中小企业特别是科技型中小企业的发展,尤其是解决融资难问题。银监会多次强调和重申政策导向,明确要求各商业银行重视对中小企业的融资力度。

到目前为止,包括国有银行在内的各大中小银行都不同程度地调整发展策

---

[1] 黄隽.小企业及三农金融产品评价[J].中国金融,2011(20).
[2] 马时雍.商业银行小微企业信贷研究[M].北京:中国金融出版社,2013:15.

略,把向中小企业提供信用融资作为重点工作之一,且都有其具体动作和本行特点。

第一节 平安银行"一贷通"的信贷实践及启示[①]

为解决中小企业融资难问题,平安银行推出了全新的中小企业融资产品组合——平安"一贷通",该组合具备"担保组合、信用增级、随借随还、综合金融"四大功能,旨在为符合条件的中小企业提供充分的融资支持。

用平安银行这一产品,中小企业可组合各类有效资产,如房产、存货、设备、车辆、应收账款、商标、专利等,以此作为担保向平安银行获得充分的融资,通过担保组合达到"1+1>2"的目的,有效解决了中小企业担保难的问题。

启示:需要融资的科技型中小企业,可以以自身的有形、无形资产形成的信用,通过"抱团担保"的理念构建自己的信用资本,尤其是在对各类资产进行权重设定时,考虑到科技型中小企业的现实情况,无形资产折合的信用资本权重应大一些。

随着中小企业与平安银行合作年限的加长,待合作一年后,只要还款正常、销售收入有所提升,就可获得信用放大,逐年提高抵押率和贷款金额,即所谓"信用增级"。

启示:对科技型中小企业而言,要重点考虑它们较强的成长性带来的信用增级,以及由此带来的信用资本价值的提升。同时,要对这种被增信的资本价值进行不断的建设、打造,使之向股权融资、信托融资等更市场化、更高层面、更多渠道的融资模式演进。

通过网上银行,中小企业可向平安银行自由申请贷款,平安银行提供网上循环额度的功能,在客户获得一定循环额度后,可在网上自由申请,随借随还,免去贷款和还款的烦琐手续,并且还能根据旺季、淡季来调节资金池,节省利息成本的支出。

启示:这种做法符合很多科技型中小企业的业务特点,而且通过灵活的循环额度功能,可以深入了解科技型中小企业的业务发展过程,也就是其成长的过

[①] 马时雍.商业银行小微企业信贷研究[M].北京:中国金融出版社,2013.

程。借贷双方深度了解后,可使彼此信用增进、合作深入、成本降低。对科技型中小企业而言,信用资本快速积累放大,有助于形成"信用资本—信贷质量"良性循环的良好局面。

中小企业在获得融资的同时,能够享受到平安集团涵盖银行、保险、证券、信托、资产管理等全方位的综合金融服务,作为平安银行独有的核心优势,综合金融服务将覆盖中小企业创业、成长、扩张、上市等的全过程,平安银行将联合平安信托、平安证券等兄弟公司提供银行贷款、股权融资、上市辅导等专业服务。

启示:这种除单独信贷外,还在自己的业务链条上开展全面服务的尝试,为经过信用体系建设洗礼后的中小企业在"市场出口"概念下,拓展纯市场的其他融资通道进行了实践。对银行来说,培养出一个优质的科技型中小企业客户,就可以"一鱼多吃",形成更多利润增长点,而且由于对这些客户是"看着长大"、"帮着长大"的,其合作效率会大大提高而交易成本会大大降低。对科技型中小企业而言,找到一个可以持续地、深度地进行融资和发展合作的稳定伙伴,也是一件幸事。信用形成的资本、资质、资格及其带来的双方之间的理解、扶持和深度合作,必将使得银企双方因为客户的升级和金融的支持,在国家产业结构升级新经济模式跃迁中,达到持续稳定的双赢多赢的大好局面。

对平安银行而言,"一贷通"这一产品组合,是从产品组合方式到内部审批流程、风险管理模式的一次重大创新,有利于其拓展更多优质的中小企业客户,提高客户忠诚度,加快平安银行中小企业业务的发展。较此前市场中的类似产品,平安银行的这一产品组合具有以下特点:一是接受抵押物的范围更广,从房产、存货、应收账款、设备到专利、商标等,均可作为抵押物;并且抵押乘数更高,针对客户不同的信用等级和合作年限,能够确定不同的抵押率,一些信用等级高、合作年限长的客户还可获得更高的信用放大系数。二是标准化、模式化操作。平安"一贷通"为每个中小企业设计个性化的融资方案,采取评分审批方式,按照标准化的模式进行操作,大大提高了贷款效率,缩短了贷款审批环节,使贷款的可操作性更强。

启示:对于众多的科技型中小企业而言,虽然有其个性化特点,但按照一定的共性归纳起来也可以量化成几个大类,这就为批量信贷奠定了基础。对各个大类的科技型中小企业而言,其审批的过程同样也是可以量化的。这样,"因类分批"加上"流程模板化",可以成为解决科技型中小企业"成批量、低成本、高效率"信贷诸多难题的重要参考。根据地区、行业、产业,开展批量化、标准化的信用贷款,是具备可操作性的,是可行的方式。

成立之初,平安银行即把中小企业业务作为战略重点:按照银监会制定的"六项机制"要求,通过对中小企业客户及业务进行单独管理和统计,率先建立了独立核算机制;通过发布中小企业信贷政策,设立分行中小企业审批团队和小企业专属审贷官,初步建立起贷款高效审批的机制;通过专门的考核办法,建立起相关的激励约束机制;通过分类培训,建立起多层次的专业化培训机制;通过灵活的产品定价,推进建设风险定价机制;根据监管要求,建立违约信息通报机制。在制定战略规划、发布独立品牌、实现独立核算、建立专业化管理架构和营销团队、成立小企业专营机构等方面,平安银行成为最早实践的银行之一。

通过积极推广批量营销和交叉销售模式,平安银行中小企业业务已在部分业务领域和部分地区生根发芽,并形成品牌效应,如在广州粮食行业、泉州石材行业、福州电机行业、深圳印刷行业以及杭州诸暨地区和上海等地。

第二节　台州商业银行的信贷实践及启示[①]

台州银行、浙江泰隆商业银行、浙江民泰银行,是台州的三家地方法人城市商业银行。它们的定位都是致力于服务小微企业。成立以来,它们积极探索创新对小微企业的服务模式,充分发挥区域关系型的优势,解决信息不对称问题;创新优化工作流程,高效率满足小微企业"短、频、急"的信贷需求;以灵活的贷款定价机制有效实现收益覆盖风险;以"硬制度"和"软文化"两手抓两手硬的特殊风险管理模式,解决小微企业的信贷风险控制问题。它们对小微企业的信贷实践,对本书设计信用融资模式启发很大。

台州银行始终坚持"小微企业的伙伴银行"的市场定位,以开展"小本贷款"为特色,致力于为小微企业提供金融服务,形成了可持续的小微企业信贷模式。这是一套与其市场定位相匹配的以信用为重要信贷保证的经营策略与管理方式,因此被称为中国版的"尤努斯"银行。

启示:这三家银行对小微企业融资不但有效解决了信息不对称问题,更重要的是把最实用、最有效的信用信息挖掘了出来。衡量出信用度,为放不放贷款、放多少、怎么定价、如何控制风险等决策奠定了坚实的信用基础。

[①] 马时雍.商业银行小微企业信贷研究[M].北京:中国金融出版社,2013:70.

台州银行摒弃了过分强调抵押物和依赖财务信息的做法，而是充分利用客户的软信息，采用交叉检查、自主编制财务报表、现金流测评等核心技术，坚持"眼见为实"、"双人四眼"原则。当客户经理要对客户进行实地调查时，支行会随机指派另一名客户经理一同前往，始终坚持双人作业，一个人从业务角度出发，另一个人从风险控制角度出发来识别客户风险，共同决定对客户的初步调查意见。

启示：对科技型中小企业而言，抵押和财务报表都不能完整真实地表达和体现出其内在的信用及其信用所形成的信用资本的情况。科技型中小企业的信用资本不是没有，而是用传统的征信渠道、信用指标体系和信用评判办法不能发现它的价值或者信用资本。要想解决这个问题，就要在充分理解和认识科技型中小企业性质和本质的基础上，重新建构对它的征信渠道、信用指标体系和信用评判办法。台州银行的这些成功做法很有借鉴意义。

泰隆银行提出对小微企业信贷不迷信财务报表，它以追求实效为目标，采取定量与定性相结合的办法，有效解决了信息不对称问题，其中最核心的就是"三品"（人品、产品和抵押品）与"三表"（水表、电表和海关报表）的调查。

"三品"中的第一品是企业所有者、经营者的人品，解决的是客户信不信得过的问题。人品放第一位，是因为在长期的信贷实践中，泰隆银行发现，人品好、做事踏实的小微企业管理者，其信用也较好，而且其企业能获得较快的发展。客户的人品是不能通过财务报表获得的，只能依靠自己的员工去主动了解，有了调查才有发言权和对信用的判断力。通过这些调查，泰隆银行为众多没有资金实力、抵押质押能力和被担保资格，但却合法经营、诚信踏实、有较高信用资本的小微企业提供贷款帮助，并获得了良好回报。第二品是产品，产品关系到客户的生存和发展，决定客户能否可持续发展。泰隆银行通过对国家产业政策的了解，向相关政府行业主管部门咨询，向专家请教，了解产品的特点、成长性、生命周期和市场前景等情况，判断产品的信用价值。第三品是抵押品。泰隆银行把抵押品放在最后一位，是因为小微企业的资产实力弱小，能抵押的物品很少，因而并不作为关键性的指标。

"三表"也是泰隆银行考察客户信息的重要内容和手段。水表、电表和海关报表这"三表"都是第三方出具的，可以真实反映客户的经营情况，银行通过解读这三个表的数据，可以准确地判断企业的经营状况。

启示：泰隆银行通过扩大判断信用的内容范畴及信用主体的范围，形成像用"榨菜指数"判断农民工的存量、流量和经济景气情况一样，可以准确判断企业的经营状况,从而判断企业的信用情况。科技型中小企业一般都成片地聚集在专业的高科技开发区里,如果把它当作一个有生命的有机肌体来看待,则这个园区就是它生存的生态环境系统,它在这个生态环境系统中所有摄取进来的资源、自身肌体的发育成长状况、对外界做功及产生的影响,从某种意义上可以说是透明的且可以量化的。这些水厂、电厂、海关内有更多的信息能够被采集提取,用以分析科技型中小企业的经营状况、未来前景以及信用资本情况,并建立起个性化的信用指标、信用评价、信用资本等分析框架,为开展信用融资提供依据。泰隆银行的方式应该比台州银行的征信渠道、信用指标体系和信用评价方法更合理、更科学。

贷前、贷中和贷后的机制创新和过程控制:泰隆银行、台州银行坚持想方设法满足小微企业"短、频、急"的信贷需求,为此它们提出了"三三制"要求(即熟客办熟业务,三小时内完成;生客办生业务,三天内完成),最大限度地为小微企业提供便捷周到的服务。它们做到了老客户申请贷款在10分钟内予以明确答复、新客户在2个工作日之内予以明确答复的高效率。为保证"三三制"的落实,它们采取了以下做法:一是秉承"谁掌握信息谁决策"的思想,合理下放信贷审批权。通过实施一线差异化的授权,有效平衡了信贷审批的效率和信贷风险。如50万元以下的信贷积数内小额贷款可由客户经理和信贷主管双人现场考核,由信贷主管签批即可。二是提前介入客户,在接触客户过程中,客户经理就开始搜索客户的相关信息,缩短调查和审批环节所占用的时间,提倡贷款审查人深入现场与调查工作同步展开,将间接审查转为直接审查,进一步提高审批效率。

启示:科技型中小企业信用融资也经常存在"短、频、急"的特点,给我们的启示是:客户不仅可分为生熟客户、新老客户,还可以根据信用情况(如信用资本的体量大小、信用资本的长短效应、信用资本的关联特性等)对客户进行分类,然后制定不同的审批办法。这种提前介入不仅仅是银行的提前进入,高科技园区管委会、融资平台、信用平台、有威信主导能力的机构等都可以根据自己的优势、特点提前进入,开展征信、增信、评价等工作,解决成本、效率和关联性等问题。

以灵活的贷款定价机制实现收益覆盖风险:在贷款定价问题上,两家银行始终坚持收益覆盖风险的原则,执行上浮利率政策。同时两家银行均实行了"存贷挂钩、积数贷款"的贷款定价方法,即将企业在银行的存款与贷款以积数的形式相联系,存贷积数比越高的企业,获得的贷款额度也越高,同时也能获得更加优惠的利率。这样的定价方法不但可以吸收更多的企业存款,增加银行的资金来源,而且更为重要的是企业在银行办理存款业务的时候,银行可以充分了解企业在银行结算的记录、存款规模的大小等企业运营情况,真实获取并客观分析企业真实的信用信息,测算企业的风险状况,以便更好地规划信贷,同时通过存贷款业务可不断增加企业和银行的"关系粘性"。

两家银行利用密集的客户经理主动出击,利用人缘、地缘、亲缘、业缘和事缘优势,多渠道、多角度、多层次地搜集客户信息并开展全方位的调查,为判断企业的信用价值打下坚实的基础。在台州银行,客户经理占到整个雇员的三分之一以上,平均每个客户经理管理200多个有效客户,充分发挥本地化客户经理的社会资源的作用,构建具有一定覆盖面的社会关系网络,依靠客户经理的脚勤、口勤,即乐于提供延伸服务、勤于保持日常联系、善于当好客户顾问来实行"贴身管理"、"贴身监督",在密集走访和频繁接触的基础上,为小微企业融资提供充足的企业运营有效信息,客观实在地对信用能力、信用价值进行判断。

以特殊的风险管理模式来适应小微企业信贷风险控制要求:台州的这三家银行尤其是泰隆银行,不是简单地依赖某一项制度来刚性地实现风险控制,而是针对小微企业的地缘、亲缘等特点,更加注重信贷文化的创建,通过对员工、流程、系统、制度等一系列要素的把握,营造全面风险管理的氛围。一是避免将自身发展成为当铺式的金融机构,不过分迷信和依赖抵押担保,扣准紧密型群体的"信誉机制",发放保证贷款时追加贷款企业法定代表人或者股东作为担保人。同时,创造性地推出"多人保证",即允许借款人将单个担保不足的保证人组合起来,实施多人(最多10人)共同担保(即"抱团增信"的理念)。泰隆银行的贷款中90%以上为保证贷款。二是建立严格的贷款质量问责制,要求信贷人员对每笔贷款实行终身负责制:对主观因素导致的坏账实行零容忍;对客观因素导致的坏账,在可以容忍的范围内予以免责,在超出部分及由信贷人员主观错误造成的损失,严格予以责罚。同时,泰隆银行坚持"两个加强管理",在加强对客户管理的基础上,对银行信贷人员加强管理,这两个管理缺一不可,规定信贷人员不准以贷谋私等"双十"禁令,并通过信贷管理系统、内部稽核系统防范各种可能的操作风险和道德风险。三是实时掌控信用评估的主动权。针对小微企业"散"的特点,按照集团授信思路实现统一管理,对夫妻、子女等直系亲属、企业法人、法人代表与股东等关联人,就贷款、票据、信用卡等业务进行统一授信,要求客户贷款归行以形成存款积数,由客户经理对现金流大小、频率、日常结算对象等信用信息分析了解,以便实时掌握客户真实的经营状况和信用资质情况。

四是泰隆银行在小微企业贷款上进行了三个创新："流程前移"、"调查同步"、"环节合并",通过创新来控制风险和掌控信用。"流程前移"是指在客户提出贷款申请前就已经和客户做了互动交流,开展信贷调查;"调查同步"是指银行调查、交叉调查的机制,对于小企业客户,要求审查人员尽可能跟调查人员一起去开展自己的审查工作;"环节合并"就是把审批权下放,这样就缩短了中间环节,提高了信贷效率。台州银行、泰隆银行的小微企业信贷模式是典型的"地缘信贷",它充分发挥了"人企同地"的地缘、人缘优势,通过长期的多渠道的广泛接触,了解企业财务、经营状况、企业行为、信誉、企业所有者个人品行以及诸多相关的政府机关、关联企业等各类有效信息,判断企业的运营状况、信用资质,并随时监督控制。

启示:上述两家银行的创新做法,是变"当铺思维"为"信用思维"的成功尝试,对建立科技型中小企业信用融资模式是一个重要的启示。把所有对科技型中小企业有信用价值的关联人都"挖掘"出来,组成科技型中小企业的"信用资本共同体"抱团增信以落实"信用思维"。运用"流程前移"、"调查同步"、"环节合并"来控制风险和掌控信用的做法具有意识上积极主动、流程上简约优化、管控上交叉扁平的特点。在一些高科技园区,尤其是专业度非常集中的高科技园区,就具备这样的地缘、人缘特点,而且还具备业缘、学缘等更多的信用信息渠道来源和判断角度,相信也一样能做到像泰隆银行这样依靠软信息达成的信用资质、信用资本实现成功信贷的目标,这一点是十分值得借鉴的。

"终身负责制"和"尽职免责制"是双刃剑,也是对科技型中小企业开展信用融资必须要进行的"既严肃又宽容"的制度建设和文化建设的重要内容,不然风险较大且处于尝试阶段的科技型中小企业信用融资会无所突破且寸步难行。

台州银行开展对关联人过程控制、业务类型过程控制、资金流量分析过程控制的做法,对我们丰富和完善对科技型中小企业开展信用融资的三个机制建设有重要启发价值。

第三节 招商银行小微企业信贷创新的实践及启示

招商银行积极响应银监会的政策导向,把服务中小型企业作为重要发展战略,成立了小企业信贷中心、中小企业金融部、零售业务部三个部门,错位经营,共同服务中小微企业。经过几年实践,招商银行形成了一套服务中小企业的信贷模式，尤其是它的"集群开发"、"批量处理"、"三查模版"等做法，以及在中小企业信贷业务标准化、流程化、专业化、独立化等方面的积极探索，对本书设计科技型中小企业信用融资模式给予了很多启发。

一、招商银行小企业信贷中心的实践及启示

招商银行小企业信贷中心（以下简称"小贷中心"）成立于2008年6月18日，是首家获得银监会金融许可证的小企业信贷专营机构。它是单独建制，是独立于招商银行系统的"准子银行、准法人"专营机构，实行独立核算、垂直管理和专业化经营，通过专业的队伍、专门的服务平台，专注于对小企业的融资业务。

启示：国家可以为一项大工程建设、一个地区发展成立专门的银行来进行资金运作，而在认识到科技型中小企业在国家和社会发展中的重要作用后，也应该成立专业银行予以支持，或者要求银行设置专门的部门、机构予以支持，这是组织保证问题。有了专门的、专业的组织，这个组织的职责就确定了，如何建章立制、建设队伍、抓试点促推广、过程管理、激励奖惩等工作做好了，其他问题就顺理成章，不然很难落到实处。招商银行对中小企业服务做得好，在很大程度上得益于组织保证。

"靠近市场、接近客户"开展信贷业务：小贷中心根据小企业在特定区域聚集的特点，按照区域进行重点布局和队伍建设。招商银行小贷中心在小企业相对集中的长三角、珠三角、环渤海和海西地区进行市场布局，目前已经建立了12个区域总部、36家分中心，辐射全国7个省30多个县市。其2012年累计投放小企业贷款1000亿元，支持客户1万余家，有贷款余额的有6000多家。近年来，在取得丰富经验的基础上，该小贷中心的信贷向高新技术产业内的小企业倾斜。

启示：这一点与科技型中小企业在特定区域和行业聚集的特点很符合，所以是可以借鉴的。在特定高科技产业园区或者产业、行业龙头吸附的科技型产业链条上的中小企业集群区域，可以进行市场细分和目标客户定位，开展总体布局。为科技型中小企业开展融资服务的专业机构，应找出一些区域和集群客户做试点，摸索经验，树立样板，锻炼队伍，确立模式等。

搞好统一战线，搭建渠道平台，发现优质客户：为发现优质小企业客户，同时整合信用、资金、中介、市场等各方面的资源，小贷中心以建设"伙伴工程"为抓手，积极主动与各中心所在地的政府、工商联、行业协会、商会、担保机构、评估机构、风险投资公司、专业市场运营机构、网络运营机构等相关部门密切合作，借助

这些机构的网络和渠道,发现优质小企业客户,同时联合这些机构一起建立专门为小企业服务的"金融安居工程",为小企业提供贷款融资、政策咨询和互助成长等金融和拓展服务。

启示:尽量多地整合与科技型中小企业相关联的各个单位、机构到这个金融生态系统中来,这是为它们开展信用融资的不二选择,因为前面论述的为科技型中小企业开展信用融资,在某种意义上是一场"人民战争"、"群众运动"、"社会运动"。招商银行的"伙伴工程"正是契合了这个特点。"伙伴工程"既可以迅速地、成批量地发现优质客户,开展以信用为内导的批量融资行为,又可以为今后"市场出口"做好铺垫、打好基础。这与开发性金融对科技型中小企业开展信用融资的"四个内容"建设是异曲同工的,对于搭建服务科技型中小企业平台、开展对科技型中小企业服务也有借鉴意义。

"品牌经营、类型定制、集群开发、批量处理"的产品策略:在建立了良好网络商业生态和渠道顺畅的情况下,在充分理解和分析小企业各具特色的同质化特点的情况下,小贷中心打造了为小微企业服务的专属品牌"小贷通",成为小企业融资解决方案的专家。在"小贷通"品牌下根据企业特点和个性化、类别化需求,小贷中心设计开发了五大系列三十多种产品,并且根据产业链或者共同客户群等,重点推广可以"集群开发、批量融资"的信贷产品。

启示:这一点对本书设计科技型中小企业信用融资"四三七"模型之七个标准中的第一个"信用保证要素同质化科技型中小企业批量选拔、入围的标准"具有重要的实证意义。

"灵活定价、高效审批"的决策机制:为适应小企业的特点,更好地服务小企业,小贷中心形成了不同于传统的对公信贷的定价机制,而是通过对资金成本、经营风险和风险成本等进行综合测算来确定基础利率水平,在参考当地市场小企业平均利率水平的基础上进行适当调整,形成了一套灵活机动的定价机制,很好地适应了小企业的经营特点。

在贷款审批制度上,小贷中心采取双人审批制度,取代传统的审贷会模式,并且采取无纸化24小时全天候在线审批。通过集中审批、集中放款、远程管理等方式提高工作效率,一笔贷款平均审批时间只要2—3天,从发起到放债平均只要10天左右时间,比传统审贷会模式减少一半以上时间。

启示:灵活定价政策在为科技型中小企业信用融资中也很重要,目前这个理念已经逐步被各个商业银行认同,在国家逐渐放开利率的形势下,更有发挥的空间。利率先高后低、部分利息部分红利、接受可以转移的股权等都可以在科技型中小企业信用融资中予以实践。

二、招商银行零售业务线的实践及启示

2012 年年初,经过市场调查研究,招商银行将符合小微企业标准、贷款额度不超过 500 万元的客户的整体金融服务管理职能划入零售业务线,在总结"小贷通"成功经验的基础上,通过产品、流程、风险等一系列创新,小微企业的信贷业务迅速发展起来。

1. 推出"生意一卡通",推广标准化小微企业信贷产品

2012 年 5 月,招商银行发布小微企业银行卡——"生意一卡通",同时推出了一系列适应小微企业客户需求的标准化贷款产品。在贷款产品设计方面,招商银行不再完全依赖抵押物,而是更注重小微企业经营者的个人信用情况和小微企业实际的经营收入,开发出了一系列根据小微企业经营交易情况核定贷款授信额度的信用类产品。例如,其创新推出的 AUM、在本行管理资产的月平均余额额度贷款、POS 贷、日收单流量贷款等基于信用的信贷产品,可以按照客户在本行管理资产每月的日均余额和收单流量的一定比例,对小微客户进行授信。小微企业的贷款线包括抵押、担保、信用等多种担保方式,通过快速简捷的标准化作业流程,可以为各种类型的小微企业客户提供全面的信贷服务。在这些服务日渐成熟后,招商银行还对该产品进行了拓展服务,增加了"周转易"贷款创新功能,满足了客户用款时间不确定、用款急的特点,实现了客户 24 小时自助贷款、随时使用随时归还、资金归集等交易结算功能。

2. 逐步建立起"全行集中审批、集中放款"的小微企业业务运营模式

针对小微企业客户分散、财务不透明、信用风险难把握的特点,为了实现小微企业客户的统一风险管理,有效控制贷款信用风险和操作风险,招商银行已经初步建立起全行集中的小微企业业务运营流程,实现了"全行集中审批、集中放款"的小微企业业务运营模式。同时,招商银行在小微企业内部风险管理机制上,采取针对小微企业建立特殊评价体系的方式,启用了"评分卡"和"决策引擎技术",通过自动化和科学化的风险量化工具有效降低了风险管理的成本。

3. 制定并推广小微企业贷款"三查模版"

以标准化小微企业贷款"三查模版"为载体,统一了贷前、贷中、贷后的作业标准,使得各个岗位作业人员对业务操作一目了然,协调一致,充分降低了贷款返件率,显著提高了对小微企业的贷款业务办理效率,使小微企业客户能够比以

往更快速、更简便地完成贷款办理手续。

启示:招商银行的案例,为科技型小微企业贷款的标准化、批量化、高效率、低成本的产品设计以及征信评信、审批模式、作业标准、流程设计等实操设计提供了借鉴。

第四节 民生银行信贷创新的实践及启示[①]

民生银行是中国银行业小微企业信贷业绩最为突出的银行之一。该行以"商贷通"为品牌,积极探索向小微企业开展信贷创新服务。截至2012年11月,民生银行小微企业客户超过83万户,小微企业贷款余额超过3 000亿元,占全部贷款余额的19%,小微企业户均贷款170万元,不良贷款率低于0.5%。到2013年年底,总计发放小微企业贷款8 000亿元,为促进小微企业发展做出了较大贡献。

民生银行的创新做法,对本书设计科技型中小企业信用融资模式给予了很多启示,更加强了笔者对用本模型解决科技型中小企业信用融资老大难问题的信心。

一、分类开发客户

民生银行重点挖掘在"一圈一链"(商业圈、产业链)上的小微企业群体客户,集约批量开发,这样既降低了信贷的人力资源成本,又提升了调研了解的效率,而且通过集群,小微企业具有诸多同质性质,使得银行对小微企业的了解和认识更真实、更具体,对信用资质、信用资本的量化评估、分类使用帮助更大。

"一圈"是指一个区域内的商业圈子,是小微企业最为普遍的集群形式。为迅速扩大对小微企业的服务覆盖面,民生银行采取了"商圈战略",集中人力、物力资源迅速投向商圈里的众多小微企业,凡是民生银行有分支机构的城市,主要商业圈子基本都是小微金融服务的对象,并且在一些具有全国影响力的大型商圈,如常熟招商城、北京马连道茶城、昆明螺蛳湾、临沂商城等,都取得了很高的市场渗透率。随着局域"商圈战略"的成功实施,民生银行正在把经验向全国各地的商圈推广,并采取现代电子商务技术和战略,开发了覆盖全国的"商圈战

---

① 马时雍.商业银行小微企业信贷研究[M].北京:中国金融出版社,2013:225.

略"地图,实现了对"商圈战略"的全国性规划和可视化管理。

"一链"是指一个经济区域内的产业链条。产业链条是一个地方实体经济的集中体现。民生银行认识到,一个地方的支柱产业是一个地方经济的核心和龙头,例如内蒙古的乳业、江浙一带的"一镇一品"块状经济、沿海省份的海洋渔业等,抓住了这个核心支柱产业上下游的整个产业链条,就抓住了集群成片的优质客户。顺利开展在一个个产业链条上批量化的小微企业集群授信业务,提供综合配套的金融服务方案,就可以取得成功。

启示:民生银行对客户按照一定标准进行分类,然后批量放贷的实践,证明了在对科技型中小企业开展信用融资中,先根据同质化的特点分类,研究信用品质,确定信用资本,然后集群授信,是可行性的。

二、更新风险管理理念,创新风险管理方式,打破抵押报表崇拜

1. 推行团体贷款模式

以3人或者多人为一组,建立联保体,基于联保体成员之间的相互了解、信任和监督,采取保证贷款方式,向其提供授信。

启示:这种做法汲取了"大数原则"的精髓,充分利用了"连保连坐"的机制,发挥团体信用对个体信用的有效增信和节制失信的效应,这个联保体如果把共同服务的核心骨干也组合进来,就会更加增强增信效果,如果联系紧密的话,还可以向组成信用融资平台的方向积极推进。

2. 推行"流水贷"模式

民生银行在大力开拓小微企业结算业务的同时,基于客户的资金往来情况,判断其经营能力和信用品质,采取信用贷款方式,向其提供一定比例的授信额度。

启示:这种做法与台州银行的做法形似,打破了单纯迷信抵押质押、财务报表的传统做法,充分挖掘所湮没和浪费的信用资本,通过创新有效拓展了优质客户量,大大增加了业务量,取得了很好的经济效益。

3. 推行"互助合作基金"贷款模式

民生银行将商圈或者产业链上的小微企业组织起来,达到50个以上时,就可以组织它们共同建立"互助合作基金"作为风险缓冲,提供授信支持。

启示:这种"互助合作基金"经过一段时间的稳定运作,具备一定威信主导功能后,就可以作为自然发展成的优质融资平台的雏形,尝试开展进行开发型金融信用融资的实践。而且这种不是由政府或者准政府主导形成,而是自然而然

形成的组织,作为融资平台可能更有自律性,更加可靠,而且更加市场化,更接近"四三七"模型中"市场出口"的理想设计。

民生银行还在不断创新实践,到目前为止共推出了十多种授信方式,打破了对单一抵押物的绝对依赖,截至2012年年底,非抵押物授信业务占比达到60%以上。这些实践为开发型信用融资研究,为科技型中小企业构建信用融资可实操的模式,提供了诸多鲜活成功的实证。

三、整合建立体系以便综合服务,提升专业程度以便拓展市场

民生银行针对小微企业不同时期的需求,积极打造了完善综合的小微企业服务体系,塑造了更加贴身紧密、全方位的合作关系。

1. 组织建设小微企业城市商业合作社

在宏观经济下行的背景下,小微企业面临严峻的生存环境,它们"抱团发展"的诉求日趋突出和强烈,针对这一客观需求,民生银行提出了"小微企业城市合作化"的概念。它由民生银行分支机构、区域内小微企业、关心支持区域内小微企业发展的准政府组织、民间组织等,自愿组成服务性组织,以整合社会资源、搭建沟通平台、创新融资渠道、扶持小微企业为目标,积极开展各类主题活动,使得小微企业的信息、需求、资源等更加开放和对称,更加便于各方、各类资源以各种方式开展对小微企业的支持和服务。信用体系建设的诸多内容和创新机制,也在这个平台上得到顺利开展。截至2012年年底,民生银行全行创立的合作社已经达到一千五百多家,吸引了近六万小微企业入会成为社员。

2. 积极开展各类活动以放大平台服务效果

依托合作社平台,民生银行不仅向会员提供融资支持,还积极开展各类活动放大这个平台的服务内容和效果,如开展各种金融知识培训,建立与政府部门交流的渠道和机制,并且有的合作社还积极为社员提供内部和外部交易的机会,使社员获得降低交易成本和改进交易效益的良好效果。2012年1月,在民生银行南通支行的组织下,该行家纺行业合作社的社员集中进行了棉纱团购,采购成本降低了5%左右,得到了广大社员的一致好评,增加了合作社的凝聚力、整合力、品牌影响力和信用度。

启示:这种实践是建立具有威信资质的信用平台甚至融资平台的有益尝试,在这个平台上开展的各种活动、服务,形成的各种渠道、机制,达成的各种理解、信任,是开展科技型中小企业信用建设、实现开发型信用融资的基础,在这个平台上可以孵化出各种类型的开发型信用融资模式。

3. 增加粘性、掌控信息、周到服务

为增强小微企业的资金自我平衡能力,针对小微企业的结算特点,民生银行集合传统 POS 和许多第三方支付终端产品的优点,推出了乐收 EPOS 设备,提高了小微企业的结算效率,降低了结算成本。同时,民生银行还率先制作完成了针对小微企业的"商户版网银"系统,与国内银行卡清算交易组织合作,推出跨行资金归集产品,增强了企业在资金管理方面的自我平衡能力。民生银行为小微企业开拓了多种服务渠道,主要有:在营业网点内推广建设小微企业服务专柜专区,通过专柜、专区提供专业的授信、合同要素变更、业务咨询等服务,开通"400小微金融服务专线",利用电话平台开展放款提示、还款提示、客户回访、客户关怀等多项服务,努力为小微企业客户提供更加贴心、细致、周到的服务。

启示:这些服务不但增加了客户的粘性,还能实时掌握客户的各种信息动态,了解客户的信用资信情况,为开展信用融资提供真实、完整、系统的平台性支持。

四、提升专业化的小微企业服务能力

"专业化、专门化"是民生银行小微企业的核心理念之一,其关键任务是建设小微金融专业化支行,一个地方仅以 1—2 个地方特色产业、重点行业商业圈作为服务对象,做深做透小微企业集群。2012 年上半年,经民生银行总行认证的 20 家小微金融专业支行成立,围绕纺织服装、海洋水产、家电等行业领域深度服务,做深做透。经过一年的努力,这些支行平均小贷余额 13 亿元,不良贷款率仅为 0.27%,凸显专业化的优势,最重要的是建立了小微企业金融服务根据地,积累了丰富的经验,为进一步更加专业化地服务小微企业打下了坚实的基础。

在首批专业实验支行的榜样示范作用下,各分行纷纷将培养专业支行作为实现特色小微企业贷款金融的重要途径,对当地特色产业的快速发展形成了巨大的支持,促进了地方产业竞争力的提高。这些产业链条不断拓展、整合、提升,企业的规模不断扩大,产值不断提升,反过来又使民生银行的特色金融服务建立在行业健康发展的基础上,形成良性循环、互动双赢、紧密融合的良好局面。到 2012 年年底,民生银行培育的专业银行达 100 余家,未来三年,民生银行将建设 150 家左右的专业支行,形成覆盖全国的小微企业金融旗舰店网络、实体经济服务创新网络。

启示:民生银行的特色产品推动模式是依托"商贷通"产品发放经营贷款的零售业务模式。批量化发展客户、大数法则风险管理、小微企业客户进柜台、零售式贷后风险管理等,是该模式的重要特点。民生银行的"商贷通"模式,已经成为商业银行小微信贷争相仿效和追逐的对象。批量化发展客户给我们的启示是,只要找到同质化的集群就可以找到批量化的办法,而科技型中小企业相对小微企业而言,其同质化的属性要比小微企业更多,所以这一领域对于银行来说尤其具备批量化开发客户的可行性。大数法则风险管理给我们的启示是,科技型中小企业同样可以找到产业上下游及同行的共同需求,联合起来"抱团增信",而且鉴于其高科技、专业性、专一性等特点,它比小微企业更容易和上下左右相关的企业、伙伴、机构、组织等形成合作体,形成大数法则带来的信用风险管理效应。零售式贷后风险管理其实已经涵盖了贷前、贷中的风险管理,通过商圈互保或者供应链上核心企业的担保给小微企业发放贷款,是一种将商圈、特色市场、专业化合作关系企业、产业链核心企业等有信用品质和一定信用资本的组织从头至尾的互相捆绑联保的制度,同样适用于科技型中小企业捆绑式抱团增信和贷后风险控制。

第五节 建设银行"信贷工厂"的实践及启示

　　建设银行把服务中小企业赋予"全行基础性和战略性"业务发展方向的定位,自2005年以来,开展了以打造三百多家"信贷工厂"为核心的小企业专业化经营模式,通过工厂式的"流水线"运作和专业化分工,为大规模提高客户的数量提供了可能。根据小企业不同的特点和融资需求,建设银行设计了丰富多样的产品组合和使用方案,在致力于为小企业提供专业、高效、全面的金融服务方面做出了十分有益的探索,为本书设计科技型中小企业信用融资模式提供了诸多积极的启示。

　　建设银行给我们的启示是:把"专业化经营模式"做透,对中小企业进行批量的、快速的、低人力资源成本的信用贷款或者抵押+信用贷款是可行的。我们将建设银行的做法总结为六个方面的专业化经营(以下简称"专营")特色:

　　1. 专营机构,更具实力、更能优化资源

　　建设银行信贷工厂模式是将分散于各个业务部门和各个支行的小企业信贷岗位人员、审批权限、风险管理等信贷资源整合再造,变分散为集中,变兼顾为专业,以事业部的管理方式,构建起高度专业化的信贷业务机制,优化了信贷资源配置,形成了市场销售、风险控制、人才利用的整体优势。

2. 专业团队,更专业、更全面

在组织构建上,建设银行信贷工厂模式将分属于业务部和各个支行的小企业客户经理集中起来,按照区域设置客户经理团队。在客户销售上,实行主动的名单制营销,认真做好小企业的市场细分,高度重视营销规划和目标客户的筛选工作,进行有针对性的营销、动态管理和维护,并根据不同企业的融资需求,设计个性化的信贷产品,做到服务更专业、产品更全面,有效提高了销售成功率。

3. 专营"信贷工厂",更便捷、更高效

建设银行信贷工厂模式简化了受理、评价等各个环节的信贷流程,构建了标准化、流水式审核的信贷业务运作流程,单笔业务的各项审批要素只要符合允许值,即可快速通过。自业务受理到正式放款平均时间为5.7个工作日,比以往缩短5.2个工作日,办事效率提高近一倍。部分小企业贷款的办理时间甚至只需要1—2天即可,效率之高远超同行。

4. 专营信贷政策,权限更大、审批更自主

建设银行信贷工厂模式放宽了信贷政策的强制约束,下放了部分信贷业务审批权,增加了存货、应收账款质押等,抵押范围更宽,同时对优质中小企业客户还提供了20%的信用放款。

5. 专营风险控制机制,流程更规范、更精细

建设银行信贷工厂模式的风险控制以客户风险评级、产品风险评级为核心,通过早期预警、软回收、信用恢复、硬回收等环节,实现风险控制的流程化操作,该模式根据企业规模和使用产品的不同风险等级,灵活动态地为客户确定授信额度,为信用品质好的客户提供更加合理的授信额度。

6. 专营管理模式,规模效应更明显、成本更节约

在小企业信贷管理投入大、回报小、用人多、成本高的共识下,"信贷工厂"将客户销售和信贷管理相分离,利用营销管理、客户评级、业务操作和贷后管理四大流程系统,以及审批辅助、行业筛选、客户筛选、早期预警、行为评分等八大专业工具,实现流程化作业,有效减少人为误差,大大提高服务效率。过去办理一笔小企业贷款业务需要10.9天,而经过梳理后的流程化作业只需2.5天。以往一个客户经理要负责十多个环节的工作,服务十几个客户都难以为继,而现在可以从容管理几十个客户。

启示:对科技型中小企业来说,以信用资本为依托构建起来的专门针对其特点设计的风险评价体系,依旧可以建立流程化的早期预警、软回收、信用恢复、硬回收等环节,实现风险控制的流程化。而且,科技园区型的"社区化"中小企业,

具有人缘、业缘、地缘优势,这种预警反应会更加及时,渠道更加灵活,信息更加可靠,更有可操作性和实时监控性。

第六节　杭州银行科技型中小企业信贷的实践及启示

杭州银行的实践是针对科技型中小企业的信贷实践,这种实践对本书更有直接的借鉴和启发意义。

2009年7月,杭州银行借鉴美国硅谷银行的成功经验,在杭州高新区设立了专门服务于科技型中小企业的总行直属支行——科技支行,这是浙江省第一家也是全国第三家科技支行。截至2012年6月底,杭州银行科技支行共有客户440家,累计发放贷款超过50亿元,其中科技型中小企业414家,累计发放贷款49亿元。从2009年起杭州银行科技金融模式从支行试点开始,逐步向全国推广,目前已经复制到北京、深圳、合肥、宁波等分行。截至2012年6月底,杭州银行累计发放贷款超过100亿元,信贷余额70亿元,累计服务客户超过1000家。杭州银行初步总结出了一套适合科技性中小企业的信贷模式,以下是杭州银行信贷模式的特点:

一、针对科技型中小企业的信贷特点,系统开展内部机制建设

杭州银行针对科技型中小企业"轻资产、高成长"的特点,认识到对其的风险控制和信贷审批要求一定要有别于传统产业。因此,做好内部的思想统一和机制建设,是顺利开展科技型中小企业信贷的前提和首要条件。所以它从授信模式、风险控制、定价政策、专业团队等方面系统地制定了一系列单独机制。

启示:科技型中小企业是一个特殊的信贷客户,它的优势明显,劣势也同样明显;它对国家的重要性突出,资本对它的顾虑同样突出;它的客户往往位于产业前沿,业务专业性同样具有强大挑战。所以,针对科技型中小企业的这些特点,搞好专业队伍素质建设和特殊运作机制建设是做好融资工作的前提。在开发性金融对科技型中小企业信用融资实践中,"四个建设"在宏观上也是企业内部机制建设的内容。在商业银行对科技型中小企业的信用融资中,在微观上或者具体操作环节上特殊的单独的机制建设,更是十分重要的,也可以说是前提性保证。

1. 执行单独的授信标准

单独的授信标准是指，对于科技型中小企业的授信审核，强调以"投资者"的眼光判断企业，对财务因素的审核仅仅作为参考，着重分析科技型中小企业的团队结构和能力、核心技术的成熟程度和市场竞争力、产品的市场认同度、企业的成长阶段和融资匹配性、担保条件以及企业发展前景等因素，建立风险、信用评估指标体系和分析方法，判断贷款的可行性，区别于以企业现状判断贷款可行性的传统信贷审核办法。

启示：要以"投资者"的眼光判断企业，从这个角度、这个高度定位科技型中小企业融资的性质。树立起这个理念，按照全新的模式运作和评判，开展对科技型中小企业信用融资支持，这就具有了全新的意义，完全有别于传统"典当者"的信贷模式。

2. 设置科技金融专职审批岗位

为确保科技型中小企业授信审批的专业性，总行向科技金融试点、分支行派驻专职审批人员，负责所在机构高新技术行业的调研、授信政策研究、授权范围内的业务审批、科技金融信贷评分表验证等工作。

启示：对科技型中小企业开展信用融资是一项创新的实践，需要专业的队伍、专职的岗位、专门的机制专注地开展这一工作。

3. 实施项目专家委员会论证制度

总行建立了技术风险控制、市场营销、财务管理等多方面的专家库，借用外部专家的智慧，从技术成熟度、市场前景等方面判断贷款项目的可行性，降低风险的不确定性。

4. 执行单独的风险容忍度

总行对开展科技金融业务两年以上的机构执行2%的不良风险容忍度。对新设立的专业支行或者专业部门，暂时不设立风险容忍度，其成立两年内发生的不良贷款进行单笔问责。对负责人及相关人员，凡是经过认定符合尽职要求的，免于问责和处罚。

5. 执行单独的利率定价政策

针对科技型中小企业"高风险、高收益、高成长"的特点，实行"贷款基准利率+收益分成"的定价机制。收益分成是指杭州银行通过对科技型中小企业提供一系列包括信贷支持和拓展服务的工作，加快推进企业发展，企业达到约定指标后，支付一定的财务顾问费给杭州银行。

启示：利用其独特的超范围服务，结合近期利息收益和远期分成收益，让企业降低信贷成本或者分散成本,快速发展,然后获取高成长的收益和远期收益。这样银行和企业都能在一定时期内共同发展、双赢共赢。这种设计契合了科技型中小企业的优势和劣势,银行利用资金优势,把风险控制在可以容忍的范围之内,帮助企业快速发展,迅速实现其潜在的巨大价值,然后双方一起实现共赢。

基准利率优惠政策实际上是降低了科技型中小企业的融资成本,达到扶持科技型中小企业的目的。收益分成机制有助于杭州银行分享企业成长的价值,增加或有收益,并不违背"收益覆盖风险"的风控原则,只是做了灵活机动的对双方都有益的变通。

6. 执行单独的信贷规模分配制度

杭州银行每年根据实际情况,单独核拨专项信贷规模,支持各分支机构发展科技金融业务,如2011年将20亿元信贷规模划拨给科技金融试点分支行,要求2012年分支行新增科技金融不低于全行新增贷款规模的10%。

二、建设专业的科技金融服务团队

2009年,在杭州地区成立科技支行,开始探索科技金融业务。2011年4月,在总结科技支行经验的基础上,杭州银行确定了科技金融战略,随之扩大科技金融试点范围,增加了北京分行、深圳分行等六家试点分行。试点分行从现有的熟练人员中抽调,或者从社会上招收一批有理工科教育背景、有科技开发经验的人员成立科技金融部,总行定期对上述人员进行科技金融工作专项培训。试点分行还配备了专职审查人员和专职审批人员,不断提高专业化审批能力。截至2012年,该行打造了一百多人的科技型专职从业人员。

启示:针对科技型中小企业的信贷,招收有理工科教育背景的人员,进行科技金融知识的系统培训后成为专职从业人员的做法,是一种创新。这对科技金融从业人员能深刻理解科技型中小企业,对它们的成长前景做出科学判断,以及使银企双方能够互相理解、形成粘性等具有诸多好处。这些人员对判断科技型中小企业的信用品质、信用价值具有天生的融合力、黏合力。

三、探索科技金融服务模式,契合企业多方需求

科技型中小企业高成长性的特点,决定了它的需求是多方面的,而非仅仅是贷款需求。因此,探索和建立适合科技型中小企业全方位信贷服务模式,成为发展科技型金融的重要课题。

1. 实施"六位一体"的营销模式,畅通服务供给渠道

杭州银行通过将政府部门、高新园区、担保机构、风投机构、咨询机构、社会资源六大渠道整合在一起,打造科技金融综合化服务平台,实施"六位一体"的渠道营销模式,发挥六大渠道的优势,弥补银行自身的不足,建立起"引客上门"的服务机制。

启示:为科技型中小企业开展信用融资有别于简单的传统信贷业务,是一项需要动员各个利益相关方的社会系统工程,某种意义上讲是一场众人拾柴火焰高的"群众运动"。必须动员各方、各类资源,收集全方位信用信息,打破"逆向选择"怪圈,弥补各自劣势和不足,形成共同解决科技型中小企业融资问题的合力。"六位一体"的尝试即是践行此理念。

2. 加强产品创新,提高企业融资满意度

除传统的抵押、质押和担保产品外,杭州银行针对科技型中小企业开发了系列产品,该系列产品最大的特点就是轻抵押担保、重企业自身价值。概括起来有三类:一是政府、银行、企业三方合作系列产品,代表作品有"风险池贷款"和"孵化贷"。例如,"风险池贷款"由科技局、高科技担保公司或者其他机构按照一定比例出资,形成专项贷款的代偿风险池。杭州银行按照风险池总额度的5—10倍提供贷款,产生不良定向贷款后,先用风险池里的资金进行赔付,超出部分再由三方按照约定的风险比例承担损失。二是创新型抵押、质押贷款产品,代表产品有知识产权质押贷款、股权质押贷款、未来收益质押贷款。三是创新型担保产品,代表产品有银投联贷产品、股权反担保产品、科技经费过桥融资产品等。

启示:这项产品设计和市场实践,印证了本书设计的信用融资七项标准中"期权释放、证券化信用收益和交换机制的标准;多元化的担保主体、方式和收益的标准"的可行性和现实性。

3. 针对企业各阶段的需求,实施生命周期服务法

根据科技型中小企业生命周期不同的发展特点和核心需求,提供有针对性的一系列融资解决方案。

针对处于种子期的企业有实验室而没有真正产品,只有财务支出而没有投资回报,总体资金需求不大的特征,杭州银行对该类企业的专业服务主要集中在创业指导和服务,如提供管理、营销、财务、金融、政策等方面的知识和经验。

针对处于创业期的企业产销量不大、单位制作成本高、财务仍处于亏损阶段、亏损额随着销售量递增有减少趋势、设备较为简单等特征,杭州银行对该类企业的专业服务主要集中在创业指导上,如市场定位、管理团队整合、商业计划

精细化,也包括一定的金融服务。

针对处于成长期的企业产品市场扩大、有较为稳定的销售渠道、不断完善产品、急需引进专业设备扩大生产规模等特征,杭州银行对该类企业的专业服务主要集中在加大信贷支持,满足企业日常性经营资金需求(如订单贷款、应收账款贷款、知识产权贷款、合同能源管理贷款、银投联合贷款等),帮助其快速成长。

针对处于成熟期的企业经营业绩高速增长、组织结构完善、内外部管理科学、开始新的技术研究开发等特征,杭州银行对该类企业的服务主要集中在投资银行的服务和资本市场的服务上。

启示:这项实践印证了"信用保证要素同质化科技型中小企业批量选拔、入围的标准",也就是按照不同的同质化企业信用特点,灵活机动地设计不同的服务内容和融资方案,挖掘不同潜质和特色的信用资本,有弹性地全方位地服务于科技型中小企业。

第七节 阿里巴巴小额金融信贷的实践及启示

阿里巴巴集团创建的阿里金融小额信贷呈现给我们的是:纯信用贷款。

企业不需要提交任何抵押、质押,而且根据资金运用"短、平、快"的特点,这些产品以日计息,随借随还,确实做到了因业制宜、因时制宜、因人制宜、因事制宜,突出了务实求真特点。

阿里巴巴集团有两家小贷公司,分别是浙江省阿里巴巴小额贷款公司和重庆市阿里巴巴小额贷款公司,在阿里巴巴集团独立事业群体阿里金融的带领下,其小微企业信贷取得长足发展。浙江省阿里巴巴小额贷款公司成立于2010年6月,注册资本6亿元,是全国首家完全面向电子商务领域小微企业的小额贷款公司。重庆市阿里巴巴小额贷款公司成立于2011年6月,注册资本10亿元,阿里金融从2010年经营小贷业务以来,仅用一年半时间就为15万家小微企业投放资金300亿元,取得了良好的经济效益和社会效益。

阿里金融主要为小微企业、个人创业者提供小额信贷业务,发展了分别面向阿里巴巴B2B平台小微企业的阿里贷款业务群体,面向淘宝、天猫平台上的小微企业、个人创业者的淘宝贷款业务群体,并且推出了淘宝天猫信用贷款、淘宝天猫订单贷款、阿里信用贷款等微贷产品。[1]

---

[1] 马时雍.商业银行小微企业信贷研究[M].北京:中国金融出版社,2013:100.

阿里巴巴创建了新型信贷技术，基于互联网数据化运营是其模式的关键、核心和突出特色，保证了阿里金融为阿里巴巴、淘宝、天猫等电子商务平台上的小微企业、个人创业者提供可持续的、普惠的电子商务金融服务。

阿里金融利用自己的阿里巴巴、淘宝、天猫等电子商务平台上客户积累的信用数据及行为数据，引入网络数据模型和在线视频资信调查模式，通过交叉检验技术再辅以第三方验证来确认客户各种可资采信的信息的真实性，将客户在电子商务网络平台上的行为数据映射为企业和个人创业者的信用评价，向这些通常无法在传统融资渠道上获得贷款的弱势群体发放"金额小、期限短、随借随还"的小额贷款。重视数据分析，而不是依靠担保或者抵押，不仅降低了小微企业的融资门槛，也让小微企业在电子商务平台上所积累的信用价值、信用资本得以变现成融资能力。①

阿里金融"近水楼台"地把网络技术作为手段，将其真正用到了实处、用到了好处。它们依靠互联网大量采集企业信用信息，运用云技术对海量数据进行计算，保证信贷的安全、高效，降低运行成本。另外，利用网络技术也大大简化了小微企业的贷款环节，更便于向小微企业提供24小时全天候的金融服务，这样使得同时大批量、标准化、流程式地向小微企业贷款成为现实，适应了国内小微企业数量庞大、融资需求旺盛的特点。

阿里金融也建立了有自己特色的完整的风险控制体系，阿里金融在贷前、贷中、贷后三个环节都建立了多层次、完整的微贷风险预警和管理系统，充分利用小微企业在阿里巴巴各类电子商务平台和互联网上积累的信用数据及行为数据，利用数据模型分析、特色评价体系评估、实时在线监控等手段，及时、准确地评估和判断企业的还款能力和还款意愿，并采取相应的网店监控、账号关停等风险控制措施，提高了客户违约成本，有效控制了贷款风险。

启示：阿里巴巴对小企业基于信用的融资实践，是非常具有研究价值的一个模式，它的实践对本书设计科技型中小企业信用融资模式启发极大。

纯信用贷款：这是科技型中小企业信用融资模式的理想状态。

短平快特色：对相对额度小、频次高特点的科技型中小企业融资具有可借鉴性。

批量标准放贷：这是阿里巴巴对小微企业融资的特点，也是本书设计的通过批量化放贷解决科技型中小企业融资难问题的做法之一。

网络多方位采信征信：这种采信征信方式适合可以通过巨大网络平台来大

---

① 阿里金融的新型微贷技术"浮出水面". 杭州网. www.hangzhou.com.cn/hzwtv/tvlcsc/2011-10/02/content_3904234.htm

量采集信用数据的科技型中小企业的特点。

云计算数据化、信用量化评估：对全范围搜集来的海量数据按照设定的标准指标体系进行云计算分析，会得到"真材实料"的信用评估，这对打破对财务报表的崇拜是一把利剑，对科技型中小企业是一个福音。

透明化监控和全过程预警控制：针对因科技型中小企业信息不透明带来的银行惜贷慎贷问题，通过网络工具实现透明化监控是一个无论从成本上、效率上还是可信度上都极其有效的解决方案。这需要科技型中小企业各个相关方，尤其是威信主导方，以及科技型中小企业自身积极配合，形成一套比"线下"更完整、翔实、全面的"线上"信用信息的即时收集、即时分析、即时应用，即透明化监控和全过程预警控制系统。

信用资本积数激励机制和封杀性约束惩处机制：网络是一个平台，也是一个工具手段，在这个平台上建立起对科技型中小企业的信用资本积数激励机制和封杀性约束惩处机制，利用现代的技术手段是完全可行的。在互联网上建立起这样"一正一反"的双向激励机制，再加上透明的监督过程和失信的灾难性代价，足可以从利、害两个方面促使科技型中小企业在规则下诚实守信，以换取信用资本以及后续融资回报收益。

高效审批流程：效率和成本问题是两大难题，一直阻碍着大量科技型中小企业融资难问题解决方案的有效实施。阿里巴巴通过网络平台建立起来的这个高效率的审批流程，可以为科技型中小企业建立起"线上"系统后借鉴应用，较好地解决效率和成本问题。由于解决问题的原理大同小异，不同的是标准的设定。

总之，阿里巴巴小额信贷实践可以对"四三七"模型的设计和完善提供诸多创新性的极富前瞻性的启示。

第八节　宜信民间借贷的实践及启示

宜信公司成立于2006年，是国内最早开展个人对个人（P2P）借贷的平台之一。P2P借贷的标准模式是：出借人和借款人通过借贷平台（一般是网络）达成借贷关系，平台不经手资金，只撮合交易，并负责审核借贷人的征信记录、还款能力等信息，同时收取服务费。宜信也有这种模式的P2P借贷，但其主要的业务是债权转让，业内称之为"宜信模式"。这种模式也给本书设计科技型中小企业信用融资模式良多启发。

宜信模式的具体做法是：借款人与宜信公司创始人、首席执行官唐宁个人签订借款协议，唐宁将钱直接从其个人账户划给借款人，再将该笔债权按时间、金额拆细,形成"宜信宝"、"月息通"、"月益通"、"季度丰"、"月定投"、"月满盈"等收益不同的产品,卖给想获得固定收益的大众(出借人),出借人同样将钱直接划到唐宁个人的账户,最低认购金额2 000元,预期年收益率最低5.6%,最高10%。在整个借贷过程中,资金的实际出借人和借款人两端互不对接,全部通过唐宁的个人账户中转。

宜信模式满足了两个群体的需求:有融资需求但不符合银行信贷条件的中小企业,有理财需求但理财渠道和产品选择余地不大的小投资者。这是在法律允许的范畴之内的经营行为,是对金融运作模式的创新和突破,符合国家金融改革的要求,应当鼓励继续创新。

宜信很巧妙地向借款人收取费用,其中利息的年利率不会超过央行基准利率的4倍,不过加上咨询费、审核费、服务费等其他费用以后,综合费率就超过了4倍阈值,但纯粹从利率上讲没有超过4倍,仍在法律保护的范围内,并不算违规。在目前放开利率的情况下,宜信模式更可以按照市场波动灵活机动地调整利率,开展市场认同的科学定价和合理收费。

在风险控制上,当前P2P平台贷款公司在中国尚处在监管真空状态,相关法律不完备,央行和银监会都没有对其监管的法定职责。包括宜信、拍拍贷在内的众多P2P借贷平台所开展的业务只受《合同法》保护,缺少金融行业相关法律的监管和保护,《贷款人条例》在业内呼吁多年仍然难产,也为这个行业发展形成障碍并留下隐患。但从积极创新支持中小企业尤其是科技型中小企业信贷来看,这种创新是必要的、积极的。如果充分利用目前先进的网络技术、信息技术,再进行配套的制度、文化、规则、机制建设,P2P平台很可能成为引导、调动巨额民间资本有序、安全流向科技型中小企业的重要通道。

启示:宜信模式是个人居中两头"卖",对上游做卖方,对下游做放贷方,像是一个变性的银行,即以个人的信用做启动及运行,向上游卖各种理财产品好比银行吸储,向下游企业放债又如银行放贷。个人做威信主导者,个人公司做融资和信用平台,个人评定信用等级,个人承担全部风险,个人享受所有收益。三方在信用的基础上,以个人行为的柔性判断和决策宽容,覆盖了银行、机构等组织行为的路径依赖和刚性决策,降低了科技型中小企业的融资门槛。像阿里巴巴的融资实践一样,这种源自民间的信用融资实践因自生自长而具有极强生命力,是信用融资研究极具特色的案例,也是调动民间资本支持科技型中小企业发展的重要模式。

第九章

科技型中小企业开发型信用融资新模式信用体系建设研究

新模式中所涉及的融资主体已经不仅仅是几个法人,而是整个社会。所以,这时发生失信违约就不仅仅是几个法人间的经济问题,而是社会问题了。因此,信用体系建设更加重要与迫切。

由于新模式着重于对新的开发型信用融资模型的设计,所以本书着重从三个机制和七项标准进行新模式信用体系建设的理论探究。

第一节 新模式信用体系的三个机制建设

一、威信整合资源机制

地方政府、园区委员会和国家开发银行,作为最有优势和职责、最具威信的信用主体,责无旁贷地应该担当主导者,来整合、凝聚各方资源。地方政府投入资金或者担当担保人的角色,起到了为项目增信、为除投资者外所有的融资参与方增信的作用。其引导资金产生的"放大机制"以及通过设计形成的快速流动性,为大规模、多批次地支持科技型中小企业融资起到了重要的信心支撑和实力增强的效果,对吸引更广大的社会投资者具有权威性作用。国家开发银行作为项目实际的运作者,其资金优势、信用优势、专业运作优势、孵化优势以及"市场出口"的职责,对凝聚和吸引风险投资、民间资金、商业银行资金起到了无法替代的作用。园区管委会因其对本区内科技型中小企业的了解和可控,能够有效克服信息不对称的信贷"顽疾",通过社会功能嵌入经济运行产生的信用征评优势及采用管理手段开展集合融资的优势,成为新模式中一个整合资源的权威性主角。

在其他创新模式中的威信主导者，虽然不及以上几方的准国家级、地方政府级的信用，但在一定区域、一定行业、一定职能、一定资源等方面都具有相对威信的资质和优势，地位和影响虽有高下之别，但在权能和属性上却是异曲同工。这是政府这只"看得见的手"和市场这只"看不见的手"，在不同时期、不同领域、不同对象间的交替与组合使用，但最终是向"市场出口"、以"看不见的手"主导的方向演化的。这与我国建设市场经济的大方向是吻合的，是这个大方向在融资领域尤其是科技型中小企业融资领域的具体体现。

面对多元的投资主体和复杂的运作过程，威信主导者通过或单独主导或几方联合共同调动各种专业与权威的中介服务资源，可高效地解决融资过程中对信用品质、风险定价、金融产品质量、风险收益分析、失信违约测算等技术问题。对各种诸如"同质化科技型中小企业信用信息征信评信系统"，"同质化信用集合打包融资机制"，通过建立债权信托化吸引社会投资人、机构投资者、风险投资人的"信用收益凝聚机制"，根据科技型中小企业资信等级建立的"分级信托机制"，"收益风险的差异化对称机制"，"收益组合发散和外溢机制"，担保机构的"不完全担保机制"等具体的融资实践，可直接进行机制的设计，威信主导者在其中也起着策划、主导、整合和具体领导实施的重要作用。建立不起来这种威信整合机制，信用融资项目的实施就没有前提，就没有成功的希望。

二、守信保障运行机制

新模式对投融资各方的利益诉求进行了多元化、精细化设计，而只有用信用和规则切实保证这种诉求的实现才能得到各方的资金支持。守信保障运行机制包括：创新性的守信激励机制，如获得进入资本市场的资质、资格；失信惩罚机制，如被购并、失去控股权；违约联动代偿机制；同业横向信用联保机制；产业链纵向信用互保机制；关联企业失信股权并购机制；失信违约风险分担、代偿机制。这些机制的创新，必将保障新模式的顺利运行，全程保驾护航，无微不至，善始善终。

三、公信支撑可持续机制

全新的模式创新必将带动制度、法规、机制、职责、权能、诉求等全面的创新，促进科技型中小企业产权制度明晰、产品结构合理、盈利模式清晰、财务管理健全等，使其更加接近现代企业制度，满足其参与真正市场竞争的要求，并且促使科技型中小企业的信用信息征集、评估、使用更加规范。科技型中小企业信用资本的概念将被人们接受并且作为融资的有效资产，助力科技型中小企业在资金的营养下健康快速地成长壮大。

地方政府通过深度参与科技型中小企业的新模式实践的过程，既会推动资金向"专、精、新、特"的科技型中小企业倾斜，也会促使各级政府不断创新与健全支持科技型中小企业融资的高效可持续的方式方法，进而通过完善本地政策法规体系与信用文化建设，为整体解决科技型中小企业融资难"顽症"提供政策引导和支持。

在国家层面，目前我国的担保、信托、融资融券等方面的法律、法规、政策，不但对这些业务自身的发展有较多限制，同时对科技型中小企业的支持力度也非常不够。例如，担保业缺乏独立的法律法规和明确的监管部门，注册担保公司的资金门槛过高，没有从业人员资格准入制度等。信托业方面，2007年出台了《信托投资公司管理办法》与《信托公司集合资金信托计划管理办法》，但是与之配套的可实操执行的法律法规并不完善，而且这些都是在整顿信托公司大量违约失信的大背景下制定的。银监会、证监会、保监会等主管部门管理权限不清，监管手段和监管内容不完备，政策约束大，信托公司的治理结构"一股独大"，内部人控制、风险约束不到位等，使信托业特有的权能得不到充分的发挥。

目前，国家高度重视扶持科技型中小企业发展，因此，健全完善信托业、担保业、证券债券业管理体制势在必行。借助支持科技型中小企业解决融资难问题，通过制定制度、机制、规则，既可以促进自身发展，也有助于从"政府威信"主导的信用体系建设向"市场公信"主导的信用体系建设转型，以前期信用建设成就做支撑，完成在市场经济要求下进行信用制度建设、信用文化建设、信用机制建设、治理结构建设、法人建设、现金流建设，实现"市场出口"的使命，使科技型中小企业融资信用体系建设进入一个市场主导、政府支持、融资各方以公信做支撑的可持续发展轨道。

第二节 新模式信用体系建设的七项标准分析

本节用信用体系建设的七项标准对新模式的信用体系建设进行分析。这七项标准是：

(1) 信用保证要素同质化科技型中小企业批量选拔、入围。

(2) 特色信用征评和资产评级指标体系。

(3) 威信主体主导下的资源整合能力。
(4) 完备高效的信用运行机制。
(5) 以企业商誉形成信用资本,并成为商业金融、资本机构的目标客户。
(6) 期权释放、证券化信用收益和交换机制。
(7) 多元化的担保主体、方式和收益。
以下针对各项内容进行具体分析。

一、信用保证要素同质化科技型中小企业批量选拔、入围

新模式通过对科技型中小企业进行信用保证同质化分类,将分类后的科技型中小企业集合打包融资,从理论上实现了批量化集合、标准化运作、低成本融资的目标,使得获得信贷资金的科技型中小企业数量大大增加,融资成本大大降低,更重要的是获得了资金较长期的使用权,从而为解决科技型中小企业融资难问题迈出了第一步。

科技型中小企业的产业集群现象,为解决这个问题提供了非常好的前提条件。在经济全球化时代下,国际分工不断加强,行业创新各领风骚,产业细分日趋深入,在价值最大化、成本最小化、协作最优化等内在机制导引下,产业以集群的方式迅速发展崛起,成为覆盖几乎所有领域的经济潮流。传统产业如此,高新科技产业也是如此,而且表现得比传统产业更加突出。

产业集群概念来源于美国经济学家迈克尔·波特的竞争经济学。在他的《国家竞争优势》一书中,他对产业集群的定义为:"在特定的领域内,一群在地理上临近、有交互关联性的企业和相关法人机构,以彼此的共同性和互补性相连接的现象称为产业集群。这种产业集群不仅仅是本区域内企业之间的分工与协作关系,而且还是区域之间各个机构之间,包括企业、政府、金融、资本、同业工会、咨询机构等其他支持辅助组织之间的协作关系。这种协作关系不仅是经济上的,还有信用、合作等其他社会关系关联其间。"

科技型中小企业在全球范围内都是一个地区经济和社会可持续发展的重要支撑,在产业和社会细化分工的基础上,它们高度集中在特定区域,如美国的硅谷和128公路、英国的M4走廊、法国的索菲亚、日本的筑波、印度的班加罗尔、中国台湾地区的新竹以及北京的中关村等。目前多体现为各类专业的高度细分的高科技开发区,它们有的独立形成产业集群,有的围绕区域内几个主导或支柱产业形成嵌入,并围绕这几个支柱产业形成行业特定的高科技产业链或产业集群。

科技型中小企业集群，通过灵活细分的专业化分工保持产业圈或者产业链条高效率的运营，保持产业链条或者工艺上下游的密切合作，或者在横向上保持技术和产品的共享和整合。在这个专业的企业集群"生态系统"中，科技型中小企业通过分工合作，专注于自己最优势的"生态单元"，将自己的资源禀赋发挥到极致，产能达到最大化，成本达到最小化，利用这个彼此间最节约的"生态单元"，达到了产业内大规模生产的规模效益。这种产业集约生态形成的自然分工、自我繁殖机制、成本优势、效率优势、品牌优势等，会进一步加强并深化产业和社会的分工，密切各个企业之间的根植性和共生性关系，最终形成一种彼此信任、和谐共生、发展观和价值观高度统一的集团生态系统。在这个产业生态中，供应链、产品买卖、技术交流、资产交易、融资投资、信息共享等，以及由彼此利用、合作共生、共赢多赢形成的产业生态关系，为科技型中小企业信用融资建设创造了自然天成、得天独厚、彼此增信的信用资源，使得集群的、批量的、互助的信用融资具备了天然的基础，只是目前金融界没有认真研究并善加利用，闲置放空了这一宝贵的"关系担保"、"抱团增信"的资源，忽视了科技型中小企业形成信用资本的重要资质和契机。

目前我国形成的专业化高科技产业园区，是科技型中小企业集群的主要载体。各个科技型中小企业之间形成的产业生态，为选择信用同质化的科技型中小企业奠定了基础，进而为批量选拔科技型中小企业入围开展信用融资活动提供了前提。

科技型中小企业的融资需求取决于其资本结构。不同类型、不同产业、不同规模、不同效益利润比率、不同生命阶段、不同产业链等，都构成了其不同的、差异化的资金需求特征，也构成了可以标准化、集中化、批量化信贷的分析基础。通过对其同质化的细分，既可了解不同科技型中小企业的信贷需求，更重要的是可确定企业信用融资的战略、架构和操作模式，分析确定这些同质化特征蕴含的批量打包企业群的信用价值、信用资本，为标准化、集中批量开展信用融资迈开难能可贵的第一步。

比如，在同一个产业园区、地方区域内或者跨地域的大产业大行业内具有以下特点：

（1）规模同质化。可以以销售额划分规模，也可以以客户覆盖量、市场占有率等划分规模，从而作为划分批量融资企业的参考依据。

（2）供应链、目标客户的同质化。具有相同的上游供应企业可以作为同质化的标准，因为拥有共同的上游供应商就拥有共同的资金流向，就可以互相印证、了解各方的经营状态,同时可以通过集合融资降低共同的风险。共同的目标客户也是一样,有共同的客户就有共同的利润来源。

（3）效益同质化。可以以利润额、效益来划分规模,效益同质化就具有相同的信用资本,效益决定还款能力和风险。

（4）财务特点同质化。如轻重资产同质性、回款特点同质性等。

（5）资产证券化可行性、信贷资产可证券化等同质化。

（6）信息机制、信任机制、声誉机制、惩罚机制等同质化。

（7）互助担保和团结凝聚程度、力度、组合方式等同质化。

这些同质化的条件可以叠加,叠加后的信用增值越大,对信用融资的支持力度也越大。

在商业金融支持中小企业的融资实践中,工商银行的"财智融通"产品,针对企业所处的不同经营环节制定了5个产品,帮助缺少抵押物的中小企业获得融资支持;建设银行的"成长之路"产品,根据企业不同发展阶段,设计了配套的产品系列,如成长型小企业额度贷款、小企业联贷联保贷款、小企业贸易链融资贷款、小企业法人账户透支、小企业保理业务等;招商银行的"点金"计划,根据中小企业不同发展阶段的经营和资金需求特点,创立了"创业之道"、"经营之道"、"进取之道"、"成熟之道"、"卓越之道"等系列产品;中信银行的"中信—小企业成长伴侣"计划,根据中小企业产、供、销各个环节的需求特点,整合了9大类31项产品;北京银行的"小巨人"方案,根据中小企业发展阶段提供"创融通"、"及时雨"、"腾飞宝"三大类产品。这些都是根据同质化分类为中小企业设计服务产品的成功案例。

二、特色信用征评和资产评级指标体系

新模式根据"增信减险"原则对科技型中小企业进行集合分类,再根据其高成长性、高收益、高风险、低资产净值、低信用记录的特点,并结合科技型中小企业不同生命周期发展阶段、不同市场环境、不同技术创新价值、不同发展机遇等的融资需求,设计符合科技型中小企业实际情况的信用评价指标体系,实事求是地评估其信用资本价值,合理设定融资门槛,为接下来进行科学的风险定价、评级以及确定失信违约率、实际违约率、违约资产损失率和风险收益模式设计等打下前提性基础。这些工作为科技型中小企业设计融资金融产品、拓宽面向不同来源的资金面、拓展向资本市场延伸的空间创造了条件。

对科技型中小企业的信用征评指标体系的建立与运用,应重点着眼于分析

企业的团队结构和能力、核心技术的成熟程度和市场竞争力、产品的市场认同度、企业的成长阶段和融资匹配性、担保条件以及企业发展前景等因素。

针对科技型中小企业的信用评估，可以分别建设两个分析和考量指标体系，即硬指标体系和软指标体系。①

硬指标体系，包括货币资金、应收账款、其他应收款、预付账款、固定资产等世界公认的相对权威的指标体系。

软指标体系有：

（1）"三表"，即水表、电表、海关报表；"三品"，即人品、产品、押品。

（2）政府评价；工商评价；税务评价；质检评价；环保评价；全国法院执行网评估。

（3）主要股东访谈评价；外部信用机构评价；会计师评价及商业计划书。

（4）经营模式评价；盈利模式评价。

（5）民间社团协会评价；行会商会评价；周围人随访评价（即近邻效应）。

（6）电厂、水厂等外部评价；产业链上游供应商评价；下游客户评价；同行业评价。

（7）业务、科研等协作单位评价；行业经验评价。

（8）家庭评价；社会影响力评价；市场评价；经营年限；营业场所评价；信用记录评价；雇员评价。

例如，阿里巴巴信用评价如下：与阿里巴巴小额信贷联合的阿里巴巴"诚信通"计划，通过第三方认证、税务工商等部门的证书荣誉、阿里巴巴活动记录、资信参考人及会员评价等建立了阿里巴巴信用评价体系。这些广泛的征信渠道构建都处在动态的真实的交易过程中，所以天生具有来源真实、密切相关、随时生成、持续更新、公开透明、完整易得的特点。在阿里巴巴网的电子商务活动中，诚信不再只是一个道德问题，而是企业生存的必需品，是成为一个网商企业的必要条件。同时这些信用信息以可量化的指标体系、分级别的品质水平，使评信工作科学客观、简约方便，再配合针对中小企业的客观评价标准，使得评信工作成本低、效益高，这些对建设科技型中小企业的信用评估指标体系具有很好的参考价值。

三、威信主体主导下的资源整合能力

地方政府、国家开发银行、园区管委会利用其威信主导作用，整合尽量多的

---

① 马时雍.商业银行小微企业信贷研究[M].北京：中国金融出版社，2013：49.

金融市场、资本市场、信贷市场、社会服务机构等资源共同参与,通过制度、机制创新来对参与方的权能及优势善加整合而成为融资要素,构建整体的、多元的价值链,满足各方诉求。具体内容在威信整合资源机制的建设部分已经论述过。

开发型信用集群融资,必须有一个主导者,来撮合各方、整合资源,组织实施、进行过程管理,持续优化以保证融资顺利进行。尤其是在新生事物初期的摸索阶段,更显威信主导者的重要作用。

在开发型信用融资的过程中,主要有四方参加:扶持职责方(主要是政府)、资金供应方、中介服务方、资金需求方。前三方中每一方只要足够强势、有威信,都可以作为威信主导者成为科技型中小企业开发型融资的主导者、资源整合者,既可以一方搭建平台,也可以两方、三方联合搭建平台。

1. 政府或者准政府信用主体威信主导模式

纯开发性金融对科技型中小企业的支持是国家开发银行和地方政府做威信主导者,属于资金供应方和扶持职责方联合做威信主导者的类型。

政府牵头组织、协调,并以政府信用和承诺构建起一批科技型中小企业集群融资平台(一般是政府与商业银行合作确立融资合作意向,建立融资平台)、信用平台,以便用来弥补信息不对称所造成的科技型中小企业信用不足或者缺失,以建设"市场出口"来防范长期风险和建立长效市场化融资渠道和机制,与此同时组织商业银行联合专业担保机构、风险机构等提供风险分担服务。政府再通过风险补偿基金建立再担保机制,对为科技型中小企业提供担保而造成损失的担保机构、保险机构提供补偿,从而使得银行、担保机构、保险机构既有动力控制风险又有能力承担风险。

北京市政府推出的中小企业融资平台聚集了十多家银行,融资平台吸引了中关村担保、首创担保等十多家担保机构"抱团担保",目前贷款总额已经超过5 000亿元,有效化解了单个中小企业融资难问题,化解了单个金融机构和单个担保机构的信贷风险。这个由政府威信主导的模式,使高风险的中小企业贷款与较低的商业银行风险偏好实现了较大程度的吻合。

由杭州市政府威信主导的联合商业银行、担保机构组成担保联盟,主导建设再担保体系,达成批量集群中小企业融资的模式前面已述,这也是政府威信主导的批量集群融资的成功案例。

2. 商业银行威信主导模式

商业银行作为威信主导者,积极与政府、监管部门、社会相关各界合作,借助政府平台、商会组织、科技园区等搭建平台,为中小企业开展批量集群融资,它们的实践有效证明了设置这一标准或者目标的现实可行性。

北京银行发挥自己的威信主导作用,与北京市政府合作,将北京市政府设立的小企业网作为网上融资平台,联合担保公司、行业信用联合会,采用几方联合认定的标准与方式筛选和吸收中小企业会员,然后对信用良好的企业予以重点扶持。北京银行借助北京市重点扶持中小企业的政策导向,通过建设担保、再担保体系,扩容增强担保机构的担保和代偿能力,有力地支持了中小企业的融资运行,与此同时,北京行业商会按照此模式也进行了成功的尝试。

北京银行发挥自己的威信主导作用,与高科技园区合作,搭建平台,创新产品,进行工程化运作,创建了以园区为平台,批量为科技型中小企业融资的"中关村模式"。其中,著名的有"瞪羚计划"及之后的"融信宝"信用贷款项目等。

北京银行超越了单纯、传统的信贷模式,以投资家的高远视野、超前的开拓意识和尊重科学的严谨态度,联合科技专家、政府产业部门,以对科技型中小企业的特点、价值点、成长性、风险控制机制等的深刻理解,充分评估高科技企业的专有技术、核心技术以及专利品牌的信用资本属性和潜在高成长价值,并以此作为信用、风险评估要素,解决科技型中小企业缺少抵押、质押资产的"不能贷"、"不敢贷"的问题,培养了如联想、神州数码、中国大恒、中科集团、华东合创、汉王科技、时代集团、启明星辰、二十一世纪、华旗资讯、紫光捷通、格林威尔等一大批耳熟能详的知名高科技企业。

2011年,北京银行与商务部合作开展以商圈为批量集群客户的信贷合作。北京银行发挥自身资金、产品、服务、渠道、创新、风险担保等优势,商务部充分利用政府威信,发挥政策、组织、机制协调和管理优势,一起搭建融资平台,开展向商贸企业的服务。

杭州银行的做法也是银行做威信主导者的成功案例。

3. 社会信用共同体威信主导模式

社会信用共同体,是指以企业集团、商会、协会、管委会等为实际的组织掌控人,以整合利益相关者的信用体系建设形成信用资本,以中小企业等为服务对象,并且几方都以平等自愿的方式结成自律互保的共生形态,以向银行为主的金融机构融资的组织。社会信用共同体可以根据不同市场条件设计不同的类型,如天津滨海农行就设计出七种信用共同体作为威信主导者,开展信贷融资活动。

4. 中介机构为威信主导者的批量信用融资模式

(1) 保险公司模式:北京中金保险经纪公司积极探索中小企业融资的创新模式,它与上海市科委共同尝试了"上海市科技型中小企业履约保证保险贷款"

模式。这个模式的最大特点就是用"保险"替代了传统的"担保"。这个模式的做法是:只要科技型中小企业向指定的保险公司购买"贷款履约保证保险",就可以获得银行发放的贷款。与传统模式只有在贷前找担保公司支付保费才能贷款的做法相比,这种做法简约便捷,且在很大程度上化解了科技型中小企业缺少可抵押质押的资产、无法获得担保的窘境。

(2) 投资公司模式:投资公司以自己为威信主导者,在其投资科技型中小企业后,仍对科技型中小企业的发展负有职责,与有相似利益偏好的银行合作,即与银行共同建立创投基金,为更深入、更密切的合作打下基础,然后以其威信主导者地位为其投资的科技型中小企业开展信贷融资。

(3) 银行间债券市场模式:2009年,中国银行间市场交易协会发布了《银行间债券市场中小非金融企业集合票据业务指引》,为中小企业提供了可持续直接债务融资的渠道。中国银行间市场交易协会牵头组织,批量挑选符合标准的中小企业,集合打包两家以上中小企业票据,组织担保公司提供增信、资信评级机构提供评价、具有债券承销资格的金融类机构募集承销,再经由中国银行间市场交易协会注册审批后,在银行间市场发售并获得募集资金用于中小企业经营发展。

这种模式是银行与资本市场合作支持中小企业的高级尝试,这是一种"银行、资本市场、民间资金、中小企业和中介机构"和谐发展、共生共荣的尝试。这种操作不仅给科技型中小企业提供融资支持,将其纳入社会资本市场进行"四个建设"、"市场出口"的哺育性支持,还可以为民间资本找到直接、便捷、安全、有保障的渠道出口,吸收民间的闲散资金,"灌溉"科技型中小企业。

5. 电子商务平台威信主导的批量信用融资模式

阿里巴巴作为中国最大的电子商务企业,利用自己8亿"支付宝"客户、巨大访问量和数以百万计的中小企业在其平台上进行可控交易的平台优势,作为威信主导者,联合银行、基金等金融机构,开展创新的贷款模式。它在中小企业融资方面具有得天独厚的条件。

从2007年与建设银行合作的"网络联保"模式,到2011年与交通银行在快捷支付、网络融资等方面开展的综合性融资服务,再到2013年6月与天弘基金联合推出的"余额宝"产品,上线两个月即达到200亿元的资金规模。联合有资质的券商,运用互联网的数字化运营模式,利用这些资金开展对科技型中小企业的支持是很现实的。

阿里巴巴可以把银行拉进阿里巴巴电子商务大平台,同样可以把基金机构、风险投资机构、信托机构、担保机构、保险机构等请进来,形成联盟、共同体、联合体等,利用现代最先进的信息与网络技术,在这个全新的商业生态丛林系统中拓展金融业务,不断发展创新、壮大健全这个改变现有商业形态的尝试,我们将拭目以待其今后的发展。

以上几个案例中,浙租模式是国家开发银行和租赁公司联合做威信主导者的模式;信托融资模式是中介做威信方的模式;阿里巴巴是企业方做威信主导者的模式。所以,拥有成熟的权威的威信主导者,是衡量能否开展科技型中小企业开发型融资的重要标准,同时也是开展科技型中小企业融资的重要目标。[①]

四、完备高效的信用运行机制

能否建立起连续的信用征集评价、过程监控、守信激励、失信奖惩、信用风险代偿等运行支持系统,是开发型金融成熟与否的重要标志。从信用运行的过程来研究,信用的运行也可以说是科技型中小企业信用资本形成、考量、变现、增值和持续使用的过程。从信用资本这个角度来研究,可以用以下四个机制建设来实现融资过程中信用的保驾护航作用。

1. 承信—增信平台建设机制

这是科技型中小企业信用资本奠基启动环节的机制,是指搭建起一个承载信用体系建设、运行的平台,来启动、承载接下来的各项信用尤其是信用资本的建设工作。在这个平台上,首先要开展的就是科技型中小企业信用资本形成初期的一系列增信工作。这是信用资本建设的基础,也是信用资本形成的开端。

2. 征信—评信系统运行机制

这是信用资本考量确认环节的机制。通过采集、评估反映信用资本的相关信息,来量化和鉴别企业的信用资本,同时也是为防范由于信息不对称带来的信贷风险而开展的对科技型中小企业信用资本相关信息的全面征集,在此基础上建立适合科技型中小企业实际的以盈利能力、偿还能力、成长性、资本管理效率、诚信记录等指标组成的中小企业信用资本评价体系。

3. 保信—授信确认实施机制

这是科技型中小企业信用资本价值变现环节的机制。保信是指通过各类担保机构对信用资本进行货币保证,是授信前的最后保证。授信是指信用资本具备并完成了货币化实现。保信—授信机制是企业信用的资本化过程,也是信用

---

① 以上案例主要参考:杨再平、闫冰竹、严晓燕.破解小微企业融资难最佳实践导论[M].北京:中国金融出版社,2012.

资本价值的实现过程,具体表现为信用资本的确认和信贷实现。

4. 励信—续信可持续发展机制

这是信用资本的增量存续环节的机制,是指信用资本实现结果的正向或负向激励(守信褒奖、失信惩戒),直接对信用资本产生增值增效、提高信用品质水平和信用能力的效果。国外一般在授信额度和期限方面予以激励,国内主要从财经政策、融资机会和社会荣誉等方面尝试进行励信建设。

以上四个环节组成了一个有机的、整体的信用资本形成和运行机制。这个机制的有效运行可以使信用主体也就是企业获得与其信用相对应的授信额度。

(一) 开发性金融的实践

1. 承信—增信平台建设方面

这是由国家开发银行及各级分行、地方政府帮助企业搭建承载信用资本运行与增信的平台建设。

在承信建设方面,主要工作是搭建承信平台,从而为中小企业信用融资的启动运行奠定组织基础。具体做法为:(1) 成立领导小组。由国家开发银行地方分行和各地省市区县政府领导相关部门负责人组成领导小组,负责指导、协调信用资本建设和贷款工作。(2) 建立专管机构。由省市区县政府建立进行贷款业务的运作平台,负责信用资本建设以及贷款项目的开发、受理、组织评议、贷后管理和催收本息等具体工作。(3) 组建评议小组。评议小组由若干名评议员组成,负责贷款评议工作,通过投票方式表达评议意见。评议员由专管机构推荐,经市区县政府认可、分行确认、专管机构聘用后开展管理工作,评议员由省市区县财政税务及工商部门人员、行业专家、企业经理和专管机构人员组成。(4) 设立信用促进会。省市区县政府倡导设立中小企业信用促进会,凡是申请中小企业贷款的企业必须入会,并将相关信息及时、全面地录入中小企业信用信息征集和评价系统。(5) 指定担保机构。省市区县政府建立或者选定中小企业贷款担保机构,落实担保资金,负责贷款审查并提供担保。(6) 选择结算经办银行。由国家开发银行选择相关商业银行作为结算经办银行,原则上该商业银行为贷款企业的开户行,由其受托办理贷款资金结算业务。(7) 选择会计师事务所。由国家开发银行和市区县政府指导、信用促进会组织,共同选择会计师事务所,负责为贷款企业提供财务顾问服务。

在增信建设方面,主要通过以下三种方式进行:(1) 政府平台建设增信。政府机构牵头进行信用担保,组建协会等专职机构作为信用平台和结算平台,组建或指定专门机构作为融资平台进行统借统还和过程管理。(2) 信用制度增信。

建立由政府主管部门推荐信贷中小企业的推荐制度,从源头上保障将综合素质好、信用资本资质高的中小企业推荐给担保机构和信贷机构。通过协议建立贷款项目调查、评审、申报制度,保证决策过程的民主科学和公正。还可以实行批量企业联合信贷、各担保机构联合担保以提升整体信用能力的"抱团增信"模式,以及担保机构之间互保监督,互相制约,共同增信等方法。(3)现金流能力建设增信。通过以上两方面的建设初步保证中小企业现金流偿债能力,再通过第三方担保和建立风险准备金,建立起第二、第三现金流保证。

2. 征信—评信系统运行方面

征信系统建设主要包括收集和管理信用促进会成员企业的全方位信息,建立相应的信用信息收集、更新、核实机制,保证系统中企业信息内容的及时性、全面性和真实性,为评价企业信用状况和开展信贷业务奠定数据基础。

评信系统建设是指基于征信系统所建立起来的信用数据库,采用适合中小企业成长特点和信用特点的评估方法和流程,以便实时、客观地反映中小企业信用资本的量化状况,为信贷决策提供参考。

同时要建立相应的支持系统,具体为:基于征信评信系统的需要,建立健全基于企业信用资本的融资业务模式和流程,支持、控制和管理企业信贷的申报、审查、审批过程,记录各个环节的结果信息,满足银行、政府、企业对信用信息的查询需求。另外,要加强宣传系统的建设:各相关方面应宣传中小企业信用资本的建设意义和办法,增强社会信用资本建设、信用资本积累等方面的知识和意识。

3. 保信—授信确认实施方面

具体包括授信风险分担机制建设和授信审批机制建设两部分。

授信风险分担机制建设包括:(1)经费补偿机制。国家开发银行地方分行对专管机构按照贷款授信额度的一定比例支付委托费,作为专管机构的经费补充,其中一部分作为评议员的咨询费。(2)利率形成机制。在考虑筹资成本、贷款费用、资产回报、客户信用等级、信贷额度和期限等因素的基础上,进行贷款定价,体现国家开发银行政策性低信贷利率的制度优势。(3)担保机制。由政府出资成立担保机构,为中小企业提供担保。每担保一笔中小企业贷款,担保机构需要将10%左右的保证金存进当地国家开发银行分行,一旦有风险,国家开发银行予以直接扣除。国家开发银行按照中小企业自有资金的1:5比例放大贷款,并视信贷运行状况进行调整。

授信审批机制建设:为控制风险,确保授信过程的稳健,确定了企业信用资本融资贷款申报—专管机构初审—担保机构审查—民主评议—领导小组推荐—分行评审处评审—分行客户处独立审查—行长审批执行等八个步骤的审批机制。

4. 励信—续信可持续发展方面

要建立对守信者的褒奖机制和对失信者的惩戒机制。

对守信者的褒奖有如下措施:(1)财政贴息。根据贷款企业的信用等级和企业对当地经济的贡献,予以财政贴息奖励,直接使信用资本增值。(2)降低利率。企业的信用每提升一个等级,在同等信用等级贷款利率的基础上予以适当优惠,直接为信用资本增效。(3)信誉提升。通过向社会公示信用等级高的企业或者做出重大贡献的企业,直接提高其信用等级水平。(4)荣誉激励。对信用等级高及做出重大贡献的企业授予守信荣誉称号,直接提高信用品质水平,为接下来的商业银行进入奠定融资基础。

在基于信用资本的信贷运行监控过程中,发现存在道德风险时,对失信者要予以公开警示、上浮利率、终止贷款、公开谴责、取消资格等惩罚。

(二)商业银行对中小企业基于信用资本建设的信贷实践

商业银行基于信用资本开展的中小企业融资实践,目前还处在初级阶段。2007年6月,中国建设银行根据企业相对完备的诚信体系建立起信用资本考量体系,结合企业资质、基本财务状况等进行综合考量后,以无担保方式向阿里巴巴网上的4家中小企业贷款120万元,之后各类商业银行陆续对40多家阿里巴巴网上中小企业开展了基于信用资本的信贷,有力地支持了这些中小企业的发展与壮大。截至2009年4月,浙江各类商业银行约向25万家中小企业开展了信贷业务,贷款总额近4 000亿元。这些案例开创了商业银行基于中小企业信用资本融资活动的崭新局面。[①]

随着市场经济的发展和全社会信用体系建设的不断完善,以及计算机、互联网、市场信用中介和信用产品等新技术、新手段、新观念的出现,中小企业信用资本建设出现了很多创新的做法。如阿里巴巴、淘宝网等电子商务网站与商业银行合作,建立了信用评价体系与信用数据库,记录和识别开业以来的所有真实交易,实施奖励守信、惩罚失信的措施,同时结合权威机构的诚信认证、合作商的反馈评价、活动过程的信用记录等,构成了一套较为完整的信用管理体系。这套创造性的信用体系建设,为商业银行进行基于信用资本的中小企业信贷融资实践

[①] 马时雍.商业银行小微企业信贷研究[M].北京:中国金融出版社,2013:168—173.

提供了宝贵的经验。具体做法有：

1. 承信—增信方面

阿里巴巴网创建了诚信通档案、诚信论坛、投诉曝光机制、信用记录搜索、诚信安全频道、会员评价空间、荣誉空间等，来承载伴随交易全过程的所有诚信行为，为企业信用资本增量和品质积累提供增信机会。

2. 征信—评信方面

按照"诚信通"计划，阿里巴巴实施了第三方认证、由税务工商等部门颁发荣誉证书、阿里巴巴交易活动记录、设立资信参考人、会员评价等措施，这些广泛的征信渠道构建于动态的真实的交易过程中，所以天生具有来源真实、密切相关、随时生成、持续更新、公开透明、完整易得的特点。在阿里巴巴网电子商务活动中，诚信不再只是一个道德问题，而是企业生存的必需品，是成为一个网商企业的必要条件。同时，这些信用信息以可量化的指标体系、分级别的品质水平，使评信工作科学客观、简约方便，再配合对中小企业有针对性的客观评价标准，使得评信工作成本低、效益高。

3. 保信—授信方面

中小企业为求得信贷成功，采取了贷款企业彼此互保、产业链上下游企业担保、供应链相关企业担保等抱团增信的有益尝试，并得到了银行的认可。如阿里巴巴网成功运作了以"支付宝"交易为质押的保信模式，具体做法是：中国建设银行作为放贷银行，把贷款申请和归还贷款操作全部网络化，在"支付宝"账户内进行。对通过诚信行为积累了足够的诚信度因而具备信用资本的中小企业，以其成交但尚未收到的货款为担保，向中国建设银行申请贷款，银行基于信用资本的量化考量给予相当的授信额度，解决中小企业资金短缺问题。这是对保信—授信机制进行创新的成功尝试。

4. 励信—续信方面

阿里巴巴、淘宝网倡导"让诚信的企业先富起来"、"只让诚信的企业富起来"的理念，联合商业银行使诚实守信的企业得到更多的信贷机会和褒奖优惠。它们从手段上完善透明公开，以持续更新的信用体系建设措施和机制，迫使企业基于生存需要必须诚实守信，高度重视自己的诚信表现和信用评价与信用等级。这种对失信行为的约束，使得"奸商"基本上无法生存。其结果是形成了社会诚实守信的文化："尊崇诚信，以求发展"在企业交易和信贷融资行为中已经成为潜规则，在企业不断的内部固化和外部强化过程中成为企业自觉践行的准则。一种基于诚信的阳光透明、互惠互利、协同高效的文化已然形成。这些成功实践对信用资本的励信—续信机制予以了积极创新,大大丰富了信用资本形成机制的内涵。

从政府支持、扶持科技型中小企业的角度来看,可通过政策性担保资金的制度安排,来实现贷前、贷中、贷后的风险共担或者补偿。贷前风险补偿主要以财政专项资金、贴息、优惠贷款援助等方式支持科技型中小企业,贷后风险补偿主要通过设立新增贷款、新增客户、贷款损失补偿等专项风险补偿重点支持银行等金融机构。

五、以企业商誉形成信用资本,并成为商业金融、资本机构的目标客户

新模式的重大意义在于,不但数量众多的科技型中小企业能够得到信贷支持,而且通过信用融资全过程中主导方的孵化、风险投资机构的辅导、担保和信托等众多部门的扶持,"四个建设"方面都会得到提高,融资完成也就合格"毕业"。企业的综合商誉得到提高,并形成可以折算成资本以用于市场机制主导下的交易与合作的信用资本,从而有资格成为商业金融、资本机构等进行融资的目标客户。

通过硬、软信用指标的提升,软带硬、硬增软,使得由信息不对称造成的"逆向选择"和"道德风险"发生质的改观,使得科技型中小企业成为商业金融和社会资本理想的合作伙伴。有商业金融和社会资本参与的开发型信用融资,可以更直接地对接商业金融和风险投资、私募基金等社会资本。

成熟的商业银行,一般都会引入会计师事务所、信用评级机构等专业的中介服务机构,用以分析、调查、评估小企业的资信状况,与之合作识别、判断风险以便决策。所以专业的中介机构是一个桥梁,会连接起科技型中小企业和商业金融机构,以及经过开发性金融、政策性金融孵化的科技型中小企业,为"以企业商誉形成信用资本,并成为商业金融、资本机构的目标客户"建立起通道和机制。

这种做法在发达国家已经相对成熟。美国硅谷银行主要从事为已经获得风险投资的高科技企业提供金融服务。对于硅谷银行来说,一家创业的高科技企业,得到创业投资公司的支持,就会具有较好的发展前景,风险较低,因此,风险投资公司实际起到了为硅谷银行进行风险评估、风险过滤的作用。

我国对"以企业商誉形成信用资本,并成为商业金融、资本机构的目标客户"的融资实践进程才刚刚起步,而且还主要面对中小微客户开展实践,但已经积累了一定的经验,这为大规模开展对科技型中小企业融资"市场出口"的设计和实践打下了很好的基础。

六、期权释放、证券化信用收益和交换机制

"市场出口"是科技型中小企业融资的最终目标和方向。考虑到市场对高成长性科技型中小企业股权的需求,对科技型中小企业的资产可以方便交易的渴望,所以,在科技型中小企业面向市场开辟融资渠道时,要建立科技型中小企业股权的释放机制,建立起科技型中小企业资产证券化形成的收益、交换机制。目前国家正准备进行企业信贷资产证券化的尝试,以使科技型中小企业开展通过企业期权释放、证券化拓展融资渠道的努力更加畅通。

新模式可以通过资产证券化,用资产延伸信用,用期权增信机制,来满足参与者的差异化诉求和偏好,吸引更多风险投资者。这样投资者既降低了风险,还获得了稳定的即期收益,并增加了中长期收益。这种设计会吸引更多的投资者加入科技型中小企业的融资队伍中来。

除此之外,可以通过金融衍生产品创新实现信用收益与交换。将科技型中小企业融资从信贷市场推入资本市场,吸收更广泛的金融资源,拓展更开阔的运作空间。同时,为同行业基于做大、做强需要采取的并购重组行为,上下游关联且出于保证业务链稳健而进行的股权参与或者控股行为,提供了运作的基础和机会,打通了企业进行资产运作的市场空间。

通过信用做保证,打通资本运作、资产运作,贯通金融市场、信贷市场、资本市场和资产市场,科技型中小企业的融资将会形成空间拓展、效果放大、渠道通畅、多赢共赢的局面。

凭借政府增信、市场增信建立起相对完整和增值的信用资本,通过全方位深度挖掘,借助现代金融工具,把科技型中小企业身上所有"值钱"的内容、所有可以增值的"亮点",在收益、风险、流动性、期限、定价、监控、期权、交叉持股、并购等方面,进行重新的整合、剥离、重组等运作后,形成更新颖、更灵活、更个性的收益和流通交换模式,使科技型中小企业开展批量集群融资成为可能。这里有非常大的操作空间、非常多的设计方案,需要在政策上做一些创新的突破,基于对科技型中小企业重要性的认识,这些创新是非常值得的。

科技型中小企业的股权,对某些有一定高风险、高收益偏好的投资者,或者行业的领军旗舰企业,或者其紧密型的优质客户,具有较强的吸引力。科技型中小企业应该善于对此作出适当期权性质的释放,作为开展融资的"资本",通过证券化实现流动性,以便根据企业发展壮大的资金需求,实现回购、交易、再回购、再交易的良性运作。同样,科技型中小企业也可以在"一级证券化"和"二级

证券化"市场上开展融资运作。

七、多元化的担保主体、方式和收益

从担保主体上讲,主要应建立以下三大类:政策性担保机构、非经营性的企业间互助担保机构、营利性的民营商业担保机构。目前,后两者无论从数量、实力还是从职能等各方面都还处于弱势。而从科技型中小企业处于发展的初级阶段需要政府扶持的特点来讲,还是要重点发展政府主导的政策性担保机构。

国家应该设立从中央政府到地方政府直接操作或者直接管理的覆盖全国的科技型中小企业担保体系,为建立起肩负科技型中小企业批量化集群融资职能的平台及相应资金机构提供政策性担保服务。资金来源主要有两种:一是政府全额出资,二是以政府出资为引导资金,金融机构以及其他机构共同资助。

这种政策性担保主体,在国外有着成功的运作经验,其对从资金上强力促进科技型中小企业的快速发展壮大起到了巨大的促进作用。美国、德国、日本、加拿大、韩国、法国等有很多经验值得借鉴。在中华民族伟大复兴的过程中,科技型中小企业对复兴大业的实现起着极其重要的作用,国家和政府应该从国家战略角度考虑支持、扶持科技型中小企业,建立覆盖全国的担保体系应是题中应有之义。

国家要做好这一工作,以下五项工作应是主线:

(1) 主导建立覆盖全国的科技型中小企业担保体系。

(2) 主导建立科学、健全的分散和规避风险机制。

(3) 主导建立、健全科技型中小企业信用担保的相关法律制度。

(4) 主导建立专业化的担保机构。

(5) 主导建立基于社会责任和义务的担保文化。

目前政策性担保机构在全部担保机构中所占比例不高,这对科技型中小企业的发展十分不利。因为非经营性的企业间互助担保机构、营利性的民营商业性担保机构的发展还严重滞后,存在严重的结构性和制度性缺陷,而科技型中小企业天生信用不足,它们正期待着政策性担保的扶持。

非经营性的企业间互助担保机构和营利性的民营商业性担保机构,因为资金规模小、缺乏有效的风险分散机制、法律法规不健全、再担保和资金补偿机制缺失等原因,其信用杠杆没有得到充分的发挥,严重浪费了本来就非常有限的担保资源。因此,在担保体系的建设中,应注意以下几个方面:

第一,政策性担保机构要注意主导和引导相结合,并且要大力发展商业担保机构。

第二，完善信用担保机构的风险分散机制，建立起担保机构和参与融资的金融机构共同担保的模式，运用不同担保费率和承保比例组合的合约设计或者反担保设计来分散风险，建立全国性的再担保体系。

第三，建立担保资金补偿机制。目前政策性担保资金太少，且缺少补偿机制。为大力支持我国科技型中小企业的发展，政府应将财政收入的一定比例用于补充担保资金，或者在科技型中小企业的税收中按比例补充担保资金，同时对商业性担保机构为科技型中小企业的担保支持做出一定程度的补偿和税收减免支持。

新模式设计了担保机构根据受益人等级提供完全担保或不完全担保、反担保、不担保等方式，同时还设计了尽量多的风险分担渠道组合，如"上下游业界关联者的担保＋同业企业联合担保组合"、"融资平台的抵押质押担保＋反担保的担保组合"，从而大大降低了担保机构的风险，便于其开拓业务新领域。只要科技型中小企业真有价值，无论是传统的担保方式，还是上下游、同行关联企业之间的相互担保等，总会有机构愿意作担保。风险减少了，信用提高了，产品丰富了，机制灵活了，就可以吸引更多的商业银行、风险投资、民间资金等进来，共同为科技型中小企业解决融资难问题。

第三部分

科技型中小企业开发型信用融资模式研究

经过对开发型融资信用体系的研究,以及本着研以致用的原则,本书为科技型中小企业开发型信用融资设计了全新的"开发型信用融资模式",并对如何通过信用体系建设来保证融资模式顺利实施进行了分析。在"开发型信用融资模式"中,威信主导者理论上可以是任何一个有权威和实力的资金方,也可以是政府、国家开发银行、一个商业银行或是几个商业银行、高新技术园区、具有较强融资能力和信用水平的金融机构、某个高科技产业的可以发债的旗舰型企业等。这些具有资本或者可以整合资本的威信主导者,主导着科技型中小企业信用融资过程中的平台建设,督促着各个参与者坚守诚信原则,不断增信,并且建立起了各具特色的信用融资模式和信用文化。本部分通过以下四章的论述创建了四个融资模式,并对新模式进行了理论设计研究。

第十章

信托融资平台模式

一、参与主体

(1) 国家开发银行:提供信贷资金,也可为科技型中小企业向社会、向国外发债融资;项目启动时强势主导整合各方资源,以"四个建设"对科技型中小企业进行全过程孵化;为科技型中小企业做好"市场出口"的"毕业"指导工作。

(2) 政府:行政支持及作为投资方投入引导资金,起到引导、吸引社会资金的作用;也可以将引导资金投入担保业务中去(美国政府的政策性资金主要为科技型中小企业履行担保职责),用担保的形式支持中小企业发展。

(3) 信托公司:通过债券信托引入国家开发银行资金、财政资金、民间资金、投资机构资金、资本机构资金、风险投资基金等,并根据它们的偏好差异化设计信托产品的收益和偿付规则,实现收益与风险的优化配置。

(4) 商业银行:可通过投资购买集合债获利,也可以面向社会发行集合债等理财产品,增加资金流动性;可通过做结算银行获利。

(5) 担保公司:通过担保获得收益,也可通过投资集合债获得收益。

(6) 社会投资者:如民间投资者、风险投资机构。用闲散社会资金做投资,民间投资者可获得债券收益、股权收益。风险投资者通过购买债券、股权等获得收益。

(7) 资本平台机构:如产权交易市场。提供资本运作平台,接引机构和科技型中小企业资金进入,介绍上市公司参与到对科技型中小企业的投资、参股、控股、并购中来。

(8) 社会中介服务机构:咨询公司、律师事务所、会计师事务所、信用评级机构等。

二、机构组建

(1) 项目专管工作组:由国家开发银行和地方政府(也可以几个地方联合,

如京津冀、环渤海、珠三角、长三角等)组建。

（2）项目评审委员会：由国家开发银行主导，组织金融、资本、信贷等相关专家，产业、行业内的专业人士，政府职能部门工作人员，商业银行工作人员等组成。

（3）担保协会。

（4）信用评议机构。

（5）专业（行业、产业）顾问机构。

（6）投资顾问机构。

（7）律师、会计师协会。

（8）信用信息征集评估系统平台。

以上八方共同组成中小企业融资相关方。

三、融资平台

可以由信托公司或者有信托业务的商业银行做融资平台。前文已有论述，此处不再赘述。

四、融资运作方式

按照融资工作顺序，总体而言要经历以下各项工作：

（1）项目专管工作组主持对财政、银行、证券公司、信托公司、担保公司等主体制定"游戏规则"，组织、协调、整合以上几方加盟本项目，以特有权能和资金优势合力开展对科技型中小企业的融资支持。

（2）项目专管工作组确定科技型中小企业入围融资的要求与标准。

（3）项目专管工作组按照同质化标准对科技型中小企业进行分类，按分类设计不同组别的科技型中小企业信用评价指标体系及考核办法。

（4）有融资需求的科技型中小企业向项目专管工作组提交申请报告。

（5）项目评审委员会确定政府产业扶持、国家开发银行支持、符合各投资者偏好的入围科技型中小企业。

（6）根据科技型中小企业所属产业、资产规模、财务模型、生命阶段、违约风险模式、管理团队特点等进行同质化组合，这样可以形成科技型中小企业与投资者之间信息对称及容易定价等优势，起到"增信减险"的效果，然后打包形成集合债开展集合融资，实现批量地、标准地筛选合格科技型中小企业的目的。

具体实施时，可以打破地域限制，根据同质化企业打包的需要，可跨地域集合;也可以打破股权限制,开放股权增加组合的价值,如果出现信用风险,可以对参加集合融资的内部同质科技型中小企业进行股权转移,对投资者也可以以股权当期价值抵扣实投资金额度。同时,既需要打破传统的对贷款企业的信用评价体系,设计针对科技型中小企业特点,甚至是针对同质化了的更切实、更符合科技型中小企业特点的信用指标体系和权重,也需要改进一般的贷款企业信用信息征集内容相对狭窄的设计局限,与上下游关联企业、同质化企业的产业协会、行会、行业协会、行会、专业顾问机构等以前所谓的非主流渠道,建立全方位的可以全面且真实征集科技型中小企业信用的新渠道系统,保证信用信息的及时、完整、准确,更好地克服信息不对称问题。

(7) 形成科技型中小企业集合债权信托基金并评级。考察资产池的信用质量,确定贷款违约率、实际违约率和违约资产损失率,确定交易结构配置因素、信用增级状况、服务机构的服务质量和信用质量,信息及时对外披露、对外发布等,都是债券顺利发行的保证。

(8) 融资平台——信托公司开展"服务定制化"。信托公司将资金、担保服务方式、回报方式等打包成产品形态,使科技型中小企业"面市",使缺少融资经验和能力的科技型中小企业不必再重复"东奔西走、走投无路、路在何方"的融资窘境。

(9) 信托投资公司按照企业风险和现金流回收状况进行评价分级,确定一级、二级和劣后受益人的债权额度、风险分配办法,规定偿还的顺序,并向政府、国家开发银行、担保公司、社会投资者发行这三级债权信托。设计风险与收益对称的投资产品,扩大融资面。风险投资者可以选择债权和股权组合的方式投资。

(10) 对担保公司设计不完全担保。由于投资方的多元化,对风险收益的偏好不同,可为担保公司设计不完全担保,对一般劣后受益人可不担保,对一级、二级债券提供完全担保或与投资方协商不完全担保的担保比例。这种设定一定担保比例的新担保模式,既可以降低科技型中小企业的违约风险,又可以降低担保公司的风险损失,增加业务渠道和业务量。担保公司可以通过"抱团增信"开展担保业务,还可以向信托公司指定的账户缴纳担保总额一定比例如10%的保证金,并确定一定倍数的担保放大比例等,浙江模式中很多担保方式的创新性做法都可以吸收进来。

(11) 开发性金融及政策性金融根据参与融资的科技型中小企业同质化集合特点,按照"四个建设"要求对科技型中小企业开展规模性批量孵化;也可联手已经有或者有意向股权、期权投资的风险投资机构对科技型中小企业进行咨询、辅导。

（12）通过资本平台机构设计资产证券化衍生产品，进入各级资本市场进行交易，实现金融资源和金融主体的优化配置。

（13）退出机制和资产流动性设计。① 商业银行：将债券做成理财类产品；对具备合作资质的科技型中小企业开展信贷业务；② 国家开发银行：可以根据科技型中小企业孵化成熟的程度设计中期债券转移机制，增加资金流动性，支持更多科技型中小企业融资，同时也形成满足不同投资人、不同阶段投资的需求，同时创新金融产品。

（14）在期末，科技型中小企业向投资人偿还资金。

（15）进行科技型中小企业融资孵化信用资本成长性评估。

总而言之，这个模式的开放性、发散性使之可以在各个方面、从各个角度继续创新，在合力支持科技型中小企业高速发展的同时，在更深度、更广度上分享科技型中小企业的成长业绩。比如，风险投资机构可以参与期权释放、资产柜台交易，辅导中小企业上市；资本机构可以引导各投资人在各类资本市场开展资产产权交易；民间资本可进行股权合作，参与科技型中小企业创业成长；同行业、上下游关联企业可进行参股、控股、并购等。

如发生失信违约或者财务风险，所有担保方可以按照约定方式对科技型中小企业追索权益：① 风险投资按照协议获得股权；② 上下游企业、同行业等关联企业可以开始企业并购类资产运作；③ 投资人之间可进行债券交易。

五、本模式的特点

本模式具有以下特点：一个"利"字驱动、两个轮子保证、三个手段操作、四个机制推动、五方协作共赢、六个展望化成。下面分别解释。

1. 一个"利"字驱动

在整个模式的所有参与主体中，除了政府对培育科技型中小企业具有优化升级产业结构、发展经济等国家战略义务之外，其他主体都有利益诉求，而且大部分是强烈的利益诉求。国家开发银行也要"保本微利"。所以要把各方资源整合进模式，需要围绕"利"字做好针对所有参与方的各种利益设计。要考虑的问题有很多，比如：有多少种获利方式？收益多少？风险是什么？如何分担、化解风险？风险收益怎么度量测算，怎么匹配？怎么获得债券收益？怎么获得股权收益？怎么实现可持续的中长期收益？等等。

2. 两个轮子保证

两个轮子就是"规则体系设计"和"信用体系建设"。

市场经济是契约经济,这个契约既是基于信用的约定,也是基于游戏规则的约定。在这个融资主体多元化的系统中,只有建设周密、精致、量化的规则、机制体系,才能保证这个复杂系统的稳健、有序运行,其中包括:集合债风险规避与定价规则,风险收益度量对称规则设计,科技型中小企业信用评估指标和权重设计,不完全担保程度规则设计,未来收益预期测算及资金和担保定制化服务设计,融资全过程信用信息化监控机制,风险预案机制等。

信用体系建设的重要性前文已述。在这个主体多元、诉求多样、行为复杂的模式中,信用体系建设的保驾护航和激活融合作用就更加重要。

这两个保证如同法治与德治,"一文一武"、"一软一硬",保护着各方主体,最主要的是科技型中小企业、担保机构要信守承诺,保证融资的主导者、融资平台和投资者对整个融资放贷收回全过程的信用评估、判断、警戒、制动能够主动有效地把握,而一旦失信则代偿机制、惩罚机制立即启动。

3. 三个手段操作

所谓三个手段,就是合、分、配。

合:该合就得合。各个融资主体要集合融资,商业银行等金融机构一对一的融资解决不了大批量科技型中小企业的融资需求,而且需求少快频、成本高、信息不对称等根本问题很难解决。这种模式把企业进行了同质化集合运作,是"合",这样解决融资问题的办法就有了。担保机构"抱团增信"是"合",创新性地解决了每个担保机构的能力和信用不足问题;把各种资金、资源整合进来是"合",拓展了资金来源,增加了产品形式,灵活了收益回报方式;将资产进行组合是"合",风险得到分散,担保风险化解,信用风险度降低;等等。

分:该分就得分。对科技型中小企业的同质化标准要细分是"分",同产业的、同行业的、同资产规模的、同财务模型的、同风险模型的等,分得越精细越好,对接下来的风险定价、资产和信用质量、价值定价、风险收益组合、资产证券化运作、金融衍生产品的生产等均有基础性作用;对担保方式分全担保、不完全担保、不担保、反担保是"分",这是针对不同风险收益偏好的客户因地制宜的做法,不但分解并降低了风险,还创新了业务模式,增加了资金流动性和使用效率;对投资者的收益方式和种类做出细分也是"分",满足了不同投资人对债权、股权、购并、控股、短期、中长期等不同方式回报的诉求,更容易吸引投资者进入并进行延伸合作;等等。

配：要对供与求、风险与收益、长期与短期收益、股权与债券收益等做科学的匹配、搭配。高风险、高收益要匹配，以满足风险投资者的诉求；信用高与信用低的科技型中小企业要搭配，这样可以降低集合整体的风险系数，使更多的科技型中小企业得到融资和发展的机会；投资者可以对不同风险收益率的产品进行搭配投资，以求得综合投资效果；政府对投资收益和担保收益没有太多诉求，可以设计将这些搭配给其他投资者，起到资金放大、鼓励引导其他投资者和资金流向的作用；等等。

总之，对资源、对信用、对权能等优势、有利因素要"合"，对各种风险、价值等要"分"，对取长补短的、对当相称的要"配"。运用"合"、"分"、"配"的旨趣和具体设计，灵活巧妙地组合各种资源、产品，方便多元地满足投资者的各种诉求，这体现了"实事求是、因地制宜"的务实精神，对模式成功实践具有核心理念性的意义。

4. 四个机制推动

如前所述，国家开发银行对科技型中小企业融资的运行过程，有四个机制在其中发挥着作用：功能协同机制、权责转移机制、权能创新机制、收益回馈机制。在本书设计的新模式中，这四个机制同样对整个融资过程起着幕后推手的作用。而且在这个主体相对强大且更多元、诉求多样化的复杂系统中，更需要这四个机制发挥作用。

5. 五方协作共赢

中小企业：通过发债、集合信托债券基金的分级分类等办法，不同风险对应不同的收益和不同的偿还顺序及方式，使得不同风险类型的科技型中小企业都能找到相应风险偏好的投资者，投资者进入门槛降低，参与范围大大拓宽。同时，科技型中小企业可大大降低融资成本，获得长期资金支持，这对其迅速发展壮大起到关键作用。

国家开发银行：探索开发性金融支持科技型中小企业发展的新模式，这是对其通过与商业金融机构合作走向市场化发展做出的新尝试；拓展新的金融产品类型，创新经营模式和盈利模式；充分发挥孵化职能，使科技型中小企业顺利"毕业"，顺利走向"市场出口"。

政府：彰显服务职能，以少量资金引导大量资金为科技型中小企业提供融资服务，起到积极的资金放大作用；在宏观层面引导资金流向符合规划的产业领域，间接主导地区产业结构优化和升级；引导科技型中小企业以自身强大走上"市场出口"之路。

信托业、担保业：开拓新业务品种、业务模式和业务渠道，二者可以平等合作，信息共享，优势互补，多赢共赢，发挥社会服务职能，增强商业和社会信誉。

投资者：开创了社会资金流向科技型中小企业的渠道，民间资金可以合法利用，达到扩大投资目标、增加投资模式、降低投资风险、分享科技型中小企业高额回报的目的；商业银行可以降低选择目标客户的成本，增加业务产品，创新业务模式；风险投资机构可以批量准确选择目标客户，联合投资降低风险，投资方式和组合更加灵活多样，成功率大大提高。

6. 六个展望化成

上文所述，科技型中小企业开发性金融实操模式可以概括为"六化"：融资主体多元化、目标函数商业化、运作机制市场化、运作平台自主化、价值取向利益化、可持续发展战略化。

在本模式中，可以说是走上了"化成"之道：

（1）融资主体多元化：总共有"八方"融资主体。

（2）目标函数商业化：国家开发银行已转制面向市场，加强商业利益取向符合其发展方向。在近几年国家开发银行的年度发展目标中，商业指标正在增加、增重。这种新模式为增加业务量、衍生多种盈利模式和利润空间创造了机会。

（3）运作机制市场化：引进商业性多元化投资主体，以市场利益交换为运作基础，大大增加了本模式运作的市场化程度，为科技型中小企业创立市场化融资机制提供了借鉴。

（4）运作平台自主化：以前的运作平台要么是政府组建投资机构，要么是政府搭建服务平台，而信托公司是纯商业性市场主体，有专业的运作规则和自身的盈利需求，面对的客户也是独立的市场主体，其作为独立的法人，按照专业的行业规则与国家开发银行开展协议运作，较以前的主体自主性大大增加。

（5）价值取向利益化：整个模式是在政府、准政府机构启动下运行，由市场机制主导的。市场行为利益第一，创新是为了盈利而创新，共赢是利益的共赢，利益是指挥棒，这就是"一个'利'字驱动"的含义，也诠释了"价值取向利益化"的含义。

（6）可持续发展战略化：国家开发银行向市场化转制是大方向，必须将可持续发展作为战略性目标。可持续发展战略目标的重要实现方式就是以实力、信用和与市场价值相符合的方式来运行。本模式设计的一个根本理念就是顺应开发性金融向商业金融转型的需要，实践的过程就是走市场道路、求可持续发展的一次试水过程。

第十一章

高新技术园区融资平台模式

高新技术园区(以下简称"高新区")是科技型中小企业数量最集中、同质化最集中、资金需求最集中的地方。而且,高新区对在园企业有充分的了解,信息不对称性小得多,不少国际级高新区拥有从幼儿园到大学的教育、安居配套、研发关联集群度高,同时与产业关联集中等优势配套组合在一起,对开展以"嵌入型原理"进行征信、增信工作有诸多好处。

国家开发银行通过开发性金融支持了苏州工业园区等科技园区的建设,与科技园区合作有着友好的渊源和丰富的经验。

笔者在探究开发型金融如何创新对科技型中小企业的融资支持过程中,走访了北京中关村科技园区、天津滨海高新区、上海张江高新区、苏州高科技园区、深圳南山高新区、广东新知识高新区、东莞松山湖科技产业园区、重庆高新区等高科技园区,就金融、信贷、资本等各方合力支持科技型中小企业融资工作进行了座谈,得到了很多支持和启发。

一、东莞松山湖科技产业园区融资平台简介

广东省为强化产业结构转型组织了粤东产业向粤西、广西、中西部转移的"产业西移"行动,以支持地方政府的"腾笼换鸟"计划,组建了全新产业结构定位的高新区,而且对科技型中小企业在产业结构优化升级中的作用认识深刻,对如何支持科技型中小企业格外关注,各方面支持政策尤其优惠和全面。

广东东莞市素以"世界工厂"著称,在贯彻国家和广东省产业结构优化升级战略的实践中,加速"东莞松山湖国家级高新区"的建设,综合贯彻了广东省"西移"、"换鸟"、"园区化"的思路,以从前创建"世界工厂"、"中国制造"的气概,开始了创建以"世界智汇"走"中国创造"、"中国智造"的征途,并在很多创新领域走在中国高新区的前列,其中科技与金融嫁接是其突出的特点。笔者对此进行了调查。其科技与金融嫁接的具体措施对笔者构思以高新区做平台进行开发型

金融支持科技型中小企业融资创新设计提供了很多启发。

对"科技嫁接金融"的理念,东莞市领导指出:"科技嫁接金融工作,不但专业性强,而且创造性高,不但要建立起新型的政企关系,还要加强金融产品的设计,在提高资金使用绩效上发挥作用,引领社会资金投入高科技企业中。30多年改革开放历程,东莞的社会财富、民间资本获得了极大的积累。与科技型企业融资难成为发展瓶颈的现象形成鲜明对比的是,这些财富资本都放在银行或投资酒店和房地产了,而现在这些需求已基本饱和,社会资金又找不到更好的投资渠道。究其原因,一方面是社会资本投资高科技企业的意识不强,另一方面就是东莞市没有为他们建设通畅的投资渠道,投资产品也不丰富,而且这是主要原因。"

为了把社会资金引到支持科技企业的发展上来,松山湖科技产业园区展开了对科技型企业的全方位支持。松山湖科技产业园区是国家级高新技术产业园区,坐落在"广深港"黄金走廊腹地,南邻香港、深圳,北靠广州,地理位置十分优越。园区面积72平方公里,绿化覆盖率64%,超过一些欧美城市。2009年以来,松山湖科技产业园区生产总值年均增长150%以上,工业总产值年均增长130%以上,税收总额年均增长170%以上,接连被授予"中国最具发展潜力高新技术开发区"、"跨国公司最佳投资开发区"、"信息产业国家高技术产业基地"、"国家火炬创新园"、"中国青年留学人员创业基地"等称号。

作为东莞产业升级的引领区,园区积极提高产业集聚水平,积极构建现代化产业体系,大力引进技术密集型、产业关联度大、辐射带动性强的高新技术产业,重点打造电子产业、生物技术、新材料、新能源、金融服务和文化创意等产业体系。截至2013年年底,入园高科技企业近800家,包括一批国内知名的行业龙头企业,如天虹科技、新能源、华为、智源科技、中国无线、易事特等。园区内汇聚了国家级、省级科研机构70余家,多个科研平台合力打造了"东莞产业支撑联盟",集成各科技平台的实力与优势,为企业提供管理咨询、检验认证和技术支撑,服务带动了珠三角近6000家企业,有效地发挥了科技辐射作用。园区有选择地引进了带研发机构的细分行业龙头企业,国内著名高校、科研院所、各专业研究院等研发平台,积极创建监测中心、质量监督中心等国际、国家行业监测平台,创建国家级研发中心、博士后流动站等,大力集聚创新资源。

松山湖科技产业园区设立了"一站式服务办事机构",工商、国税、地税、社保等部门都在园区集中设立窗口机构,集中受理行政审批服务项目,所有需要办理的审批手续在这里都可以办理。园区每年从财政收入中拿出不少于5%的比例提取科技发展专项资金,用于支持科技型中小企业发展,按1∶1的比例配套资助通过国家级、省级、市级立项的科技项目。对在园区设立的国家重点实验室、国家工程研究中心等给予最高 1 500 万元资助,对省级重点实验室、工程技术中心给予最高 800 万元资助,对市级重点实验室、工程技术中心给予最高 500 万元资助。对户口迁移至松山湖科技产业园区并在园区工作生活的学科带头人、技术带头人、博士生导师,补助安家费 50 万元。①

松山湖科技产业园区对通过金融来支持科技型中小企业发展十分重视。东莞市是中小企业的海洋,在转型期更会诞生大量的科技型中小企业,同时其社会金融资本也具有雄厚的基础,关键是如何引导释放出来。目前,松山湖科技产业园区与金融界开展的"科技嫁接金融"的实践主要包括以下几方面:

(1) 帮助企业占领市场。其具体措施是产业集群融资产品,即对科技型企业的产品,在产业集中的区域采取设备融资租赁、设备按揭贷款,以帮助科技型企业扩大产能,解决融资难问题。以多种方式为科技型企业的下游客户通过信贷融资,扩大其产品的市场占有率,帮助其做大做强。

(2) 帮助改善企业资本结构。其具体措施是以战略引资顾问的角色,对拟通过股权性融资的战略投资者和拟改善企业资本结构的科技型企业,提供包括企业战略规划、拟订商业计划书以及协助与 PE、VC 等私募机构谈判等专业服务。

(3) 提供上市顾问业务服务。其具体做法是,对上市股份制企业提供股份制改造、上市前财务资产重组、协助遴选中介机构与上市募集资金结算行等投资银行业务服务。

(4) 帮助企业用产权抵押贷款。其具体做法是,对于拥有已经办理权证的固定资产的企业,银行可以通过抵押贷款形式解决客户的贷款需求。如果没有此类资产,可以了解企业股东、负债人个人资产情况,对于融资额度不大,且企业股东等自身名下有拥有产权的物业、住宅等,可以为企业办理抵押贷款。

(5) 专利权质押贷款。正在负债上升期、产品研发阶段和市场拓展阶段的科技型企业,其普遍特点是产品技术含量高,市场未来前景广阔,但目前还处在资金技术投入阶段,企业产出效益不明显,并且一般不具备权属清晰的固定资产,无论从抵押还是保证方式上银行都很难为企业办理融资。针对这类企业,银行可以提供评估企业产品技术含量及相关专利的未来市场价值服务,在风险可

---

① 东莞松山湖科技产业园区管理委员会.松山湖专刊,2010(10).

控以及政府政策支持倾向明确的前提下为企业办理专利权质押贷款业务。

在笔者结束调查后不久,又传来三个非常重大的利好消息:

一是东莞市政府将提供一部分风险补偿资金和评估费用,这会发挥杠杆作用,扩大贷款额覆盖范围。具体操作办法是:由金融机构直接向科技型企业发放以专利质押为担保方式的贷款项目,可以从科技贷款风险准备金中按照金融机构贷款的5%提取风险补偿金。如果金融机构对企业提供贷款发生损失,则贷款本金损失额的70%可由提取的贷款风险保证金予以补偿。利用专利资产抵押贷款等需要对专利资产进行评估的,市财政按其实际发生费用50%的上限给予资助,同一笔专利评估费最高资助金额为30万元。对专利资产进行交易的,市财政则按照交易额1%的额度进行资助。

二是对园区中进入上市辅导期的高科技企业首期无偿资助2700万元,后期视上市费用可再行资助。这样一来,准备上市的公司的前期费用几乎由松山湖科技产业园区管委会全部无偿资助。

三是松山湖科技产业园区管委会发起成立了创业投资基金,总规模10亿元,组成系列专项基金,主要面向科技型中小企业,通过专业化、市场化运作,为科技型中小企业提供融资服务。

二、园区融资模式分类

松山湖科技产业园区的发展理念、管理水平,地方政府对科技型中小企业的大力支持,园区管委会对融资模式和金融产品的创新做法,为笔者构思以国家优秀高新技术园区做融资平台的园区融资模式研究提供了很好的实际案例。

园区融资模式可分三种:园区担保融资模式、园区设备租赁融资模式、园区开发型集合发债融资模式。

(一) 园区担保融资模式

这是由园区管委会(或者由园区管委会组建的相应组织机构)做融资平台、担保人的融资模式。下面以具体操作流程来对模式进行说明。

1. 各类平台的组建

(1) 担保融资项目专管工作组:由国家开发银行和园区管委会共同组建。

(2) 项目评审委员会:由国家开发银行主导,组织金融、资本、信贷等相关方专家,产业、行业内的专业人士,园区职能部门工作人员,商业银行工作人员等组成。

(3) 担保协会。

(4)信用评议机构。

(5)专业(行业、产业)评价、定价顾问机构。

(6)投资顾问机构。

(7)律师、会计师协会。

(8)信用信息征集评估系统平台。

2. 融资平台

以园区管委会(或者由园区管委会组建的相应组织机构)做融资平台。

3. 融资运作方式

(1)项目专管工作组与各投融资主体确立相关投融资规则。

(2)园区作为担保人为向国家开发银行贷款融资的科技型中小企业做担保。但这不是简单的担保,科技型中小企业要以其在园区内的企业和个人房地产、企业仓储原材料和产品、流动资金、销售合同、作价的专利技术、部分股权等做反担保。如果失信违约,则园区管委会既可以按反担保约定取得担保资产以代偿国家开发银行,同时也可以将企业股权转让或拍卖给风险投资机构、同行业企业、上下游企业、民间投资人等。

(3)项目专管工作组确定科技型中小企业入围融资的要求、标准。

(4)项目专管工作组按照同质化分类确定不同类型的科技型中小企业信用评价指标体系及信用考核办法。

(5)有融资需求的园区科技型中小企业向项目专管工作组提交申请报告。

(6)项目评审委员会确定园区产业扶持、国家开发银行支持、符合各类次级投资者偏好的入围科技型中小企业。

(7)对科技型中小企业集群资产质量进行评级,考察资产池的信用质量,确定贷款违约率、实际违约率和违约资产损失率。

(8)根据科技型中小企业所属产业、资产规模、财务模型、生命阶段、违约风险模式、管理团队特点等不同,把入围的科技型中小企业进行同质化组合,既形成科技型中小企业与园区二级投资者之间信息对称及债权集中、容易定价等优势,起到"增信减险"的效果,又确保一旦科技型中小企业失信违约,园区管委会作为担保人可以方便地将失信违约企业的股权及资产向下一级投资人处置。

(9)开发性金融根据参与融资的科技型中小企业同质化的特点,按照"四个建设"要求,对科技型中小企业开展规模性批量孵化;也可联手园区管委会和关注入围融资的风险投资机构对科技型中小企业进行规范和辅导,为科技型中小企业走向市场化融资打下基础。

（10）在期末，科技型中小企业向国家开发银行偿还资金。

（11）进行科技型中小企业融资孵化信用资本成长性评估。

（12）如发生失信违约或者财务风险，所有担保方可以按照约定方式对科技型中小企业进行追索权益：风险投资按照协议获得股权；上下游企业、同行业关联企业可以开始企业并购类资产运作；与其他投资人之间进行债权交易；等等。

（二）园区设备租赁融资模式

国家开发银行或者资本威信机构以园区做融资平台，对有设备更新或添置需求的科技型中小企业开展设备租赁融资业务。

1. 各类平台的组建

（1）担保租赁融资项目专管工作组：由国家开发银行和园区管委会共同组建。

（2）项目评审委员会：由国家开发银行主导，组织金融、资本、信贷等相关方专家，产业、行业内的专业人士，园区职能部门工作人员，商业银行工作人员等组成。

（3）信用评议机构。

（4）专业（行业、产业）评价、定价顾问机构。

（5）投资顾问机构。

（6）律师、会计师协会。

（7）信用信息征集评估系统平台。

2. 融资平台

以园区管委会（或者由园区管委会组建的相应组织机构）做融资平台。

3. 融资运作方式

（1）项目专管工作组与各融资主体确立相关租赁融资规则。

（2）园区作为国家开发银行向科技型中小企业做租赁贷款的融资平台，除了要将园区与科技型中小企业签订的租赁合同项下的各项权益质押给国家开发银行外，还可以要求科技型中小企业以在园区内的企业和个人房地产、企业仓储原材料和产品、流动资金、销售合同、作价的专利技术、部分股权等做质押。如果失信违约，则园区管委会既可以收回设备、变现资金以代偿国家开发银行，同时也可以将企业股权转让或拍卖给风险投资机构、同行业企业、上下游企业、民间投资人等，这样就充分化解了园区及国家开发银行的风险。

（3）项目专管工作组确定科技型中小企业入围融资的要求、标准。

（4）项目专管工作组按照同质化分类确定不同类型的科技型中小企业信用

评价指标体系及信用考核办法。

（5）有租赁融资需求的园区科技型中小企业向项目专管工作组提交申请报告。

（6）项目评审委员会确定园区产业扶持、国家开发银行支持、符合各类次级投资者偏好的入围科技型中小企业。

（7）对科技型中小企业集群资产质量进行评级，考察资产池的信用质量，确定贷款违约率、实际违约率和违约资产损失率。

（8）根据科技型中小企业所属产业、资产规模、财务模型、生命阶段、违约风险模式、管理团队特点等不同，把入围的科技型中小企业进行同质化组合，既形成科技型中小企业与园区和二级投资者之间信息对称及债权集中、容易定价等优势，起到"增信减险"的效果，又确保一旦科技型中小企业失信违约，园区管委会作为担保人可以方便地将其资产、股权向下一级投资人处置。

（9）园区向国家开发银行提交借款申请书，申请贷款。

（10）国家开发银行收到申请后，按照信贷流程进行项目入库、评审、审查等工作。

（11）上述审查通过后，国家开发银行向园区管委会发出项目审议结果通知单。

（12）园区管委会与承租企业签订租赁合同。

（13）园区管委会与国家开发银行签订借款合同和质押合同。

（14）园区管委会在国家开发银行设立专用账户，用于国家开发银行贷款发放及结算办理、本息收回等事项。

（15）贷款发放后，园区管委会根据企业用款需求，到国家开发银行办理贷款支用手续；同时，园区管委会按照贷款项目监督管理协议的要求对承租科技型中小企业进行监督管理，并定期向国家开发银行报送监管报告及相关资料。

（16）贷款回收时，园区管委会将其依据融资租赁合同向承租中小企业收取的租金及有关费用全部划入园区管委会在国家开发银行开立的专用账户，用于偿还贷款本息，多余部分可划出。

（17）园区管委会按期偿还借款合同中的所有贷款本息，并在履行贷款项目监督管理协议规定的义务后，由国家开发银行向其支付代理费。

（18）进行科技型中小企业融资孵化信用资本成长性评估。

（19）如发生失信违约或者财务风险，园区管委会可以按照约定方式对科技型中小企业进行权益追索：收回设备变现资金；风险投资机构按照协议获得股权;上下游企业、同行业关联企业可以进行企业并购类资产运作;与其他投资人之间进行债权交易等。

(三) 园区开发型集合发债融资模式

园区管委会可以基于地缘优势,对一批信用同质化、有很好成长性的有融资需求的科技型中小企业进行信用组合,形成集合信用。一般单个的科技型中小企业在集合信用之后信用等级会提升,然后企业可按照集合信用后形成的信用资质,在园区管委会的组织下开展集合发债融资。这种模式通过政府的整合增信,把信用资源构成不同、信用等级高低不等、信用品质参差不齐的一个个科技型中小企业,整合为一个具有相对较高的信用等级的整体,集合这一批科技型中小企业各自确定发债的额度,按照发行条件形成一个总的发债额度,使用统一的债券名称,由园区设立或委托专门的特别机构,或者由园区建设投资公司(一般一个开发区会配套一个园区建设投资公司或者投资开发公司)作为总承销商,向各类银行、非银行金融机构、投资基金、社会公众等进行发售。也就是"统一冠名、分别负债、集中担保、集合发行"的模式。

园区组织科技型中小企业进行集合发债,设立特别机构承销,就是要解决个别科技型中小企业在单独融资中资信薄弱、担保不足、风险与收益不匹配及不对称等问题。这种"捆绑式集中发债"的模式,通过"大数原则"抱团增信和威信组织增信,可以开辟科技型中小企业融资的新途径、新模式。

下面以具体操作流程来对本模式进行说明:

1. 各类平台的组建

(1) 集合债券项目专管工作组:由园区管委会、特别机构、相关银行等共同组建。

(2) 项目评审委员会:由园区管委会主导,组织金融、资本、信贷等相关方专家,产业、行业内的专业人士,园区职能部门工作人员,商业银行工作人员等组成。

(3) 担保协会。

(4) 信用评议机构。

(5) 专业(行业、产业)评价、定价顾问机构。

(6) 投资顾问机构。

(7) 律师事务所。

(8) 审计师、会计师事务所、协会。

(9) 信用信息征集评估系统平台。

2. 融资平台

园区管委会组建特别机构做总承销性质的融资平台。

3. 融资运作方式

（1）项目特别机构与各个科技型中小企业发起人和投资主体确立相关债务融资规则。

（2）园区作为担保人为向特别总承销机构发行债券的科技型中小企业做担保。但这不是简单的担保，科技型中小企业要以在园区内的企业和个人房地产、企业仓储原材料和产品、流动资金、销售合同、作价的专利技术、部分股权等做反担保。如果失信违约，则园区管委会既可以按反担保约定取得担保资产，以代偿特别总承销机构，同时也可以将企业股权转让或拍卖给风险投资机构、同行业企业、上下游企业、民间投资人等。

（3）项目专管工作组确定科技型中小企业入围融资的要求、标准。

（4）项目专管工作组按照同质化分类确定不同类型的科技型中小企业信用评价指标体系及信用考核办法。

（5）有融资需求的园区科技型中小企业向项目专管工作组提交申请报告。

（6）项目评审委员会确定园区产业扶持、符合各类次级投资者偏好的入围科技型中小企业。

（7）对科技型中小企业集群资产质量进行评级，考察资产池的信用质量，确定贷款违约率、实际违约率和违约资产损失率。

（8）根据科技型中小企业所属产业、资产规模、财务模型、生命阶段、违约风险模式、管理团队特点等不同，把入围的科技型中小企业进行同质化组合，既形成科技型中小企业与园区和二级投资者之间信息对称及债权集中、容易定价等优势，起到"增信减险"的效果，又确保一旦科技型中小企业失信违约，园区管委会作为担保人可以方便地将企业股权、资产等向下一级投资人处置。

（9）开发性金融根据参与融资的科技型中小企业同质化的特点，按照"四个建设"要求，对科技型中小企业开展规模性批量孵化；也可联手园区管委会和关注入围融资的风险投资机构对科技型中小企业进行规范和辅导，为科技型中小企业走向市场化融资打下基础。

（10）园区政府提出发债计划，向企业债发行主管部门（目前国家规定对中小企业发债的主管部门是各地的发展与改革委员会）报批发行额度、发行计划、发行方案。

（11）特别承销机构牵头组织承销团及相应中介机构。

（12）园区和特别承销机构组织企业申报。

（13）园区和特别承销机构对申报的科技型中小企业进行评估,筛选企业。

（14）审计、会计、律师、评估等部门开展尽职调查。

（15）园区政府和特别承销机构是为整个本期债券提供统一担保的机构,园区政府直接作为二级担保人对发债的科技型中小企业提供统一担保及反担保。

（16）确定发债总额度、发债企业、各个企业的各自额度、利息等。

（17）完成一系列法律程序,包括:① 签订各方工作协议;② 完成各类尽职报告;③ 确定方案、计划;④ 撰写配套完整的上报资料;⑤ 特别承销机构市场推介路演;⑥ 中介出具全套见证报告;⑦ 其他。

（18）完成发行注册,发布债券募集说明书,正式发行上市。

（19）特别承销机构完成对银行、金融机构、社会大众的分销工作,将资金划给发行债券的各个科技型中小企业。

（20）发行完毕,办理后续托管事宜。

（21）特别承销机构协助发债的科技型中小企业向银行间市场交易组织和证券交易所提交上市流通手续。

（22）在期末,科技型中小企业向特别承销机构分期还本付息。

（23）进行科技型中小企业融资孵化信用资本成长性评估。

（24）如发生失信违约或者财务风险,所有担保方可以按照约定方式对科技型中小企业进行权益追索:风险投资按照协议获得股权;上下游企业、同行业企业等关联企业可以进行企业并购类资产运作;与其他投资人之间进行债权交易;等等。

（25）对履约良好且在融资扶持期间迅速发展、成长性好的科技型中小企业予以特别增信,推荐给各个金融、资本、货币机构,增加其市场化融资机会,帮助其进入更高级的融资渠道,助其快速成长。

第十二章

产权交易中心平台模式

这是承销商以产权交易中心作为融资平台,对有融资需求的批量科技型中小企业开展资产证券化融资业务的模式。

这里的科技型中小企业集群资产证券化融资是指,在产权交易中心的主导下,按照一定批量的科技型中小企业集群融资要求,把属于科技型中小企业的相对缺乏流动性但可以带来可预见并相对稳定的现金流的资产,通过制度和结构的安排,资产化为新的可流动的债务证券,再进行增信安排,对债务证券进行风险偏好和收益差异两个要素的分离和重组,转化成在金融市场及资产交易市场上可以转让的资产,从而达到批量融资的目的。

这个模式的资金来源是那些不仅自身有资本实力,而且也有资格和能力组织承销的机构的资金。

这个模式的威信主导机构是产权交易中心,目前交易中心由各级政府成立并经营,具有政府公共职能的性质和职责,是落实政府经济、政策导向的执行机构,具有准政府的信用等级,可以成为具有威信品质、主导科技型中小企业进行批量集群开发型融资的角色。

一、各类平台的组建

(1) 由产权交易中心、承销商、有遴选批量科技型中小企业能力的科技园区或者协会、中心等专业机构联合组成联合体。

(2) 资产证券化融资项目专管工作组:由产权交易中心、承销商、资本市场、货币市场共同组建专管工作组。

(3) 项目评审委员会:由产权交易中心主导,组织金融、资本、信贷等相关方专家,产业、行业内的专业人士,园区职能部门工作人员,商业银行工作人员等组成。

(4) 信用评议机构。

（5）专业（行业、产业）评价、定价顾问机构。

（6）投资顾问机构。

（7）律师、会计师协会。

（8）信用信息征集评估系统平台。

其中，以产权交易中心（或者由产权交易中心组建的相应组织机构）做资产证券化融资平台。

二、证券融资运作方式

（1）项目专管工作组与各批量推荐有融资需求的科技型中小企业机构确立相关规则。

（2）确认产权交易中心的资产证券化特别职能，或者成立执行这种职能的特别机构。

这个特别机构作为专门运作科技型中小企业资产证券化的主体机构，负责最大限度地降低发行人的破产风险对证券化的影响，实现在结构上与其他资产隔离。它作为隔离体本身信用度相对较高，保证科技型中小企业的证券化资产出售给自己，自己再出售给承销商，承销商购买后再组织渠道销售给资本机构、货币机构和自然人个体、组织等其他购买者，并形成整个过程的低风险保证机制。

（3）资产证券化项目专管工作组确定科技型中小企业入围融资的要求、标准。

（4）产权交易中心作为承销商向科技型中小企业做租赁贷款的融资平台，确立科技型中小企业可证券化的各种资产类型，主要包括：① 可以产生稳定现金流的资产；② 信用记录良好且原始持有人已经持有一段时间的资产；③ 具有较高同质性的且有标准化合约文件的资产；④ 容易变现且变现值较高的资产；⑤ 历史记录良好且违约率、损失率较低的资产；⑥ 其他资质良好的资产。

（5）项目专管工作组按照可证券化资产的同质化特点进行分类，并确定不同类型的科技型中小企业及其证券化资产信用评价指标体系和信用考核办法。

（6）有融资需求的科技型中小企业，通过科技园区和各类协会、中心等组织向项目专管工作组提交申请报告；符合资质标准的企业可以向证券化项目专管工作组独立申报。

（7）项目评审委员会确定入围科技型中小企业及其可证券化的资产。

（8）对科技型中小企业集群可以证券化的资产的质量进行评级，考察资产池的信用质量,确定贷款违约率、实际违约率和违约资产损失率。

（9）根据科技型中小企业所属产业、资产规模、财务模型、生命阶段、违约风险模式、管理团队特点等不同,把入围的科技型中小企业进行同质化组合,既形成科技型中小企业与产权交易中心、项目专管工作组和承销商、二级投资者之间信息对称及可证券化资产的集中、容易定价等优势,起到"增信减险"的效果,又确保一旦科技型中小企业失信违约,担保人可以方便地将企业股权、资产向下一级投资人处置。

（10）证券化资产经过组合后被出售给产权交易中心,或者资产证券化特别机构。这种资产转移应该是真实地出售、转移到特别机构,才能达到资产证券化破产隔离的目的和效果。这种出售可以保证科技型中小企业的债权人对已经转移的资产没有追索权,也可以保证特别机构的债权人对原始权益人的其他资产没有追索权,仅仅与作为资产证券化的资产拥有债权债务关系。

（11）建立对证券化资产进行增信的机制。为保障投资者利益,避免因为证券化资产债务人违约,或者债务偿付期与特别机构所安排的证券偿付期不匹配产生的信用和流动性风险,需要设置对证券化资产的增信机制,如内部可以设立利差账户进行超额抵押等,外部可采取银行开立信用证、保险公司担保和第三方从属贷款等机制。

（12）进行资产证券化的晋级评级和证券化资产的发行评级。前者是为达到所需要的信用等级而进行的增信程度评级,后者是为正式发行而进行,通过审查各种合同文本和文件的合法性、有效性,进而给出评级结果的发行评级。

（13）特别机构向产权交易中心和项目专管工作组提交经过评级后可以发行证券的申请。

（14）产权交易中心和项目专管工作组收到申请后,按照发售规则进行项目审查等工作。

（15）上述审查通过后,产权交易中心向承销商交付证券。

（16）承销商通过公开发售或者私募形式进行销售。

（17）特别机构向科技型中小企业支付购买证券时证券化资产的对价,向各个专业机构和相关服务机构支付相关费用。

（18）特别机构负责对资产池的管理工作,主要包括收取债务人每月偿还的款项,将收取的现金存入产权交易中心指定的专设账户,对债务人履约情况、信用动态等进行过程监督管理,管理相关的税务和保险事宜,在债权人违约的情况下采取相关措施。

（19）在证券到期偿付日,特别机构将履行按时足额向投资者偿付本息的承诺。

（20）产权交易中心或者特别机构对参与资产证券化融资的科技型中小企业进行信用资本成长性评估。

（21）如发生失信违约,交易中心还可以按照约定方式对科技型中小企业进行相关权益追索。

以上设计的集群批量科技型中小企业资产证券化融资模式,需要克服或突破一些既有制度障碍,但其优势也是非常明显的。

对科技型中小企业来说,可以进入相对较低的融资门槛,支付相对较低的融资成本。传统的融资需要企业用以有形资产为主的综合信用做担保,而资产证券化是一种收入导向型的融资方式,主要是注重具有一定稳定性和可预期的现金流,以真实出售和风险隔离的结构设计,把资产分离出来成为证券通过其发行来融资。这样,投资者关注的是可证券化的资产组合的信用品质,而不是发行人的综合信用品质和信用价值,使发行人可以用资产中的"白菜心资产"来进行融资,从而降低了融资门槛和融资成本。

对于投资者来说,资产证券化将那些不具备流动性的资产转变为流动性较高的而且风险较低的资产,期间进行了聚集、组合,"大数效应"原则作为第一关降低了风险,而分散的贷款组合担保、各种增信措施的实施,使得投资者能够接受或者扩展其投资机会。

这种高信用等级和高收益率机制的安排,可以实现通过对现金流的分割、组合,按照优先偿付次序,设计出品种多样的不同档次的证券。不同证券可以灵活组合,形成合成证券,来满足不同投资者对期限、风险和利率的不同偏好,从而可以充分利用科技型中小企业信用资源、信用资本开展融资,并有利于建设进一步的"市场出口"机制。

第十三章

基金平台模式

《中小企业促进法》实施以来，国家财政预算设立中小企业科目，安排扶持中小企业专项资金，目前已设立十多项专项资金，同时要求中央与专项资金性质相关的部委以及地方政府建立相应的配套资金。这些资金在逐年增加，从使用效果上来看，确实为扶持中小企业发展起到了一定的作用，但在发放、使用以及审批过程中出现的寻租腐败，已经在社会上产生诸多诟病。

在使用方式上，一般就是通过按照一定的标准审批之后，拨付给中小企业，然后在使用过程中做监控，最后到期做验收的简单做法，基本上没有对这笔具有很高公信价值的资金做更多的引导效果、增信效果、杠杆效果等"溢出效应"的研究和实践，某种意义上讲是放空了这笔资金的"信用能量和集聚权威"。在研究对科技型中小企业进行批量集群信用融资支持的模式设计时，笔者提出应该深入研究这笔资金产生"溢出效应"的渠道和办法，充分发挥好这笔资金和管理这笔资金的政府机构的作用，做好科技型中小企业的批量集群融资工作。在平台职能、威信权能、资金来源、增信能力、聚集机制等方面，通过直接投资，引导带动金融资本、民间资本、担保资本、信托资本、风险投资资本等发挥出更多的潜能。变"给钱"为"引钱"、"聚钱"，变单纯的"输血"为"造血"、"强身健体"，为科技型中小企业提供更好的融资服务。

下面将主要介绍目前实施的"国家扶持中小企业专项资金"的主要内容[①]，然后设计"地方政府根据国家扶持的产业将专项资金、产业投资基金做威信主导平台"的模式。

---

① 银企互联教育机构,中国企业金融研究院.中小企业融资实训教程[M].北京:中国金融出版社,2013.

一、有关中小企业的基金介绍

（一）中小企业发展专项基金

中小企业发展专项基金由财政部和工信部于 2005 年联合设立,以无偿资助或贷款贴息等方式对中小企业予以支持。其主要对象是：

（1）技术进步项目。如企业采用新技术、新工艺形成新产品的技术改造项目;专利和申请专利项目;购置研发设备、仪器、软件,改造相关设施,提升研发能力的项目。

（2）专业化发展项目。如企业增强与国家重点支持的产业协作配套能力,完善专业化技术改造的项目。

（3）节能减排和安全生产的项目。如企业生产节能减排产品的项目等。

（4）增加就业岗位的项目。

（5）战略性新兴产业项目。如支持企业围绕节能环保、新一代信息技术、生物技术、高端装备、新能源、新材料等确立的项目。

（6）提升企业管理水平的项目。

（7）改善中小企业服务环境的项目。

（二）科技型中小企业技术创新基金

科技型中小企业技术创新基金由国务院于 1999 年批准成立,科技部是技术创新基金的主管部门,财政部是技术创新基金的监管部门。这一基金重点支持：

（1）高新技术领域自主创新性强、技术含量高、市场前景好、能够在产业结构转型中发挥重要作用的项目和科技型中小企业。

（2）科技成果重点转化项目,利用高新技术改造传统产业的项目,在国际市场上有较强竞争力并以出口为导向的项目和企业。

（3）人才密集、技术关联性强、附加值高的高技术服务业项目和企业。

（4）初创期的科技型中小企业,尤其是科技孵化期内的项目和企业。

（三）中小企业发展基金

中小企业发展基金于 2012 年成立,基金来源主要是中央财政预算安排 150 亿元,基金收益滚动投入,同时接受社会捐赠,主要用于引导地方政府、创业投资机构和其他社会资金支持处于创业期的中小企业。2013 年投入运行。这只基金不是直接给企业,而是以引导放大职能的方式进行扶持。

（四）国家科技成果转化引导基金

国家科技成果转化引导基金于 2011 年由国家科技部和财政部共同设立,目的是加速推动科技成果的转化和应用,培养和发展战略性新兴产业。这只基金按照引导性、间接性、非营利性和市场化原则,通过设立投资子基金、贷款风险补偿和绩效奖励的支持方式,引导和带动金融资本、民间资本、地方政府加大对科技成果转化投入的力度,创新支持模式。其资金来源是中央财政拨款、投资收益、社会捐赠等。

这只基金的特点是:可以与符合条件的投资机构共同发起设立创业投资子基金,向科技型中小企业提供股权投资;科技部和财政部通过招标确定合作银行,对银行向符合条件的科技型中小企业的贷款,予以一定比例的风险补偿;对于为转化科技成果做出突出贡献的科技型中小企业、科研机构、高校、科研中介机构等,转化基金给予一次性资金奖励。

这只基金目前处于刚刚运行的阶段,效果有待观察,但这代表着政府对科技型中小企业的支持方式发生了转变,由过去单一的资金支持转向运用资金的引导作用、杠杆作用,带动各方资金支持科技型中小企业,由单一投入方式转为综合运用创业投资、风险补偿、后期补助、奖励等方式予以多角度、多模式的扶持和支持。这种转变可以使得财政资金对科技型中小企业的支持更加高效,从而更有效地激活科技成果资源,大大提高转化水平和效率,并且有利于建立地方政府、科研机构、高等院校、金融机构齐抓共管、共同参与科技型中小企业科技成果转化的风险分担机制。

从本书设计的批量化集群开展对科技型中小企业信用融资服务的角度来讲,这个转化基金可以作为比较理想的平台,整合统筹科技型中小企业、金融资本、中介机构、银行、产业链条等各类资源,形成开发型金融融资平台。

(五) 中小企业服务体系专项补助资金

中小企业服务体系专项补助资金设立于2003年,主要用于支持中小企业服务机构开展促进中小企业发展的各项服务业务。目前由国家工信部中小企业司和财政部共同管理。

(六) 中小企业平台式服务体系专项补助资金

财政部于2004年设立中小企业平台式服务体系专项补助资金,用于支持各地中小企业公共服务平台的建设。主要包括:购买行业先进、共性、实用的技术成果的支出;信息采集支出;必要的设备购置支出;软件开发或购置支出;为拓展服务范围对现有场地进行改造的支出等。该资金额度逐年增加,采取政府补助方式予以支持。

(七) 中小企业信用担保资金

中小企业信用担保资金由财政部和工信部设立,由中央财政预算安排,是专门用于支持中小企业信用担保机构、中小企业信用再担保机构增强业务能力,扩大中小企业担保业务,改善中小企业融资环境的资金。财政部负责担保资金的预算管理、项目资金分配和资金拨付,并对资金的使用情况进行监督。工信部负责担保资金的年度支持方向和重点的确定,会同财政部对申报资金的项目进行审核,并对项目实施情况进行监督检查。该资金采取业务补助、保费补助、资本金投入等方式予以支持。

在业务补助上,对符合条件的担保机构开展的中小企业融资担保业务,按照不超过担保额的2%予以补助;对符合条件的再担保机构开展的中小企业融资再担保业务,按照不超过年再担保额的0.5%予以补助。

在保费补助上,在不提高其他费用标准的前提下,对担保机构开展的担保费用低于银行同期贷款基准利率50%的中小企业担保业务予以补助,补助比例不超过银行同期贷款基准利率50%与实际担保费率之差。

在资本金投入上,鼓励担保机构扩大投资规模,提高信用水平,增强业务能力,对符合条件的担保机构、再担保机构,按照不超过新增出资额度的30%给予注资支持。

符合以上条件的担保机构、再担保机构可以同时享受以上不限于一项支持方式的资助。

(八)农业科技成果转化资金

农业科技成果转化资金是国务院批准的于2001年设立的财政引导资金,目的是促进农业科技成果向现实生产力转化。该资金已经投入40多亿元,引导地方财政和社会资金170多亿元。

(九)清洁生产专项资金

清洁生产专项资金是用于重点支持清洁行业的中小企业实施清洁生产的专项资金,目的是支持企业采取不断改进设计、使用清洁能源和材料、采用先进的工艺技术和设备、改善管理、综合利用等措施,从源头上消减污染,提高资源利用率,减少或者避免生产、服务和产品使用过程中污染物的产生和排放。

二、基金平台模式设计

(一)模式设计

基金对科技型中小企业的支持应该是全方位的,不仅仅是简单的象征性的资金支持。把国家支持的专项资金作为一个平台,探索建立适合科技型中小企业的信用融资服务模式,是国家专项资金如何增值使用、综合服务、升级支持力度和水平、创新科技型金融支持的重要课题。本书设计的模式如下:

1. 以资金为平台,整合实施"全方位"融资体系

资金机构通过当地政府部门、高新区、担保机构、风险投资机构、咨询机构、社会资源等渠道,打造对科技型中小企业金融综合化服务平台,发挥各方的优势,弥补资金机构自身能力不足,建立起具有"信用能量和集聚权威"的服务机制。

2. 创新抵押产品,放大资金"聚财"能力

借鉴杭州银行的做法:一是与政府、银行、企业三方合作的系列产品,代表产品有"风险池贷款"和"孵化贷"。例如,"风险池贷款"是由科技局、高科技担保公司或者其他机构按照一定比例出资,形成专项贷款的代偿风险池。银行按照风险池总额度的5—10倍提供贷款,若定向贷款转为不良贷款,先由风险池里的资金进行赔付,超出部分再由三方按照约定的风险比例承担损失。二是创新型抵押、质押贷款产品,代表产品有知识产权质押贷款、股权质押贷款、未来收益质押贷款。三是创新型担保产品,代表产品有银投联贷产品、股权反担保产品、科技经费过桥融资产品等。

3. 根据信用同质化分类,设计针对不同需求的服务产品

比如,根据科技型中小企业生命周期不同阶段的发展特点和核心需求,提供有针对性的一系列融资解决方案。对于成长期的企业,其产品占有一定的市场份额,有较为稳定的销售渠道,但需要不断完善产品,引进专门设备扩大生产规模。对该类企业的专业服务只要集中在加大信贷支持,满足企业日常经营性资金需求(如订单贷款、应收账款贷款、知识产权贷款、合同能源管理贷款、银投联合贷款等),就可以帮助其快速成长。

对于科技型中小企业的授信审核,基金要以"投资者"的眼光判断企业,财务因素的审核仅仅作为参考,着重分析科技型中小企业的团队结构和能力、核心技术的成熟程度和市场竞争力、产品的市场认同度、企业的成长阶段和融资匹配性、担保条件以及企业发展前景等因素,建立风险、信用评估指标体系和分析方法,判断贷款的可行性,区别于以企业现状判断贷款可行性的传统信贷审核办法。

另外,基金在执行中还要采取一些措施,如设置专项资金融资专职审批岗位,实施项目专家委员会论证制度,执行单独的利率定价政策等,来完善基金平

台模式的运作。

（二）运作方式

专项资金可以选择联合专业的科技园区、产权交易中心、商业银行、担保机构、信托机构等做合作平台，采取信贷、发债、资产证券化等方式开展为科技型中小企业的融资。在此不再赘述。

所有扶持资金"基金化"，可以变单一资金来源的拨付支持为多种资金聚集的引导经营型支持，不求回报但求可引导、聚集和可重复利用。运作方式可以通过信托投资，也可以发行信托产品。

1. 信托投资

信托投资即开展产业链或者商圈上的科技型中小企业批量信托投资业务。包括：

（1）信托贷款。按照专项资金指定的对象、用途、期限、利率和金额，向集群科技型中小企业发放贷款。

（2）权益投资。按照信托计划将信托资金投资于能够带来稳定、持续现金收益的财产权或收益权的科技型中小企业。

（3）股权投资。信托公司按照委托人意愿，以信托公司的名义将信托资金直接投资于科技型中小企业形成股权，信托公司为名义上的股东，并受托行使股东权利。

2. 信托产品

信托产品即针对科技型中小企业的不同融资需求特点，设计并发行针对不同偏好投资者的产品。

本书设计的专项信托资金，是按照集群批量开展对科技型中小企业融资的目标定位，主要采取科技型中小企业集合信托的方式，开展信托投资和信托产品的销售。

（三）配套机制建设

这种模式设计需要建立相应的运作机制，主要有：

（1）政府威信机制。以政府资金牵头并引导，以政府信用发起并增信，以政府资金率先认购做引导，以政府资金将收益以各种方式返还为激励。

（2）多方共建机制。为确保发行成功，在政府号召、引导下，信托、银行、担保等机构共同参与，除政府专项资金外，其他信托资金的募集可以利用信托机构和银行等金融机构，提升产品形象和资金募集成功率。

（3）集合抱团机制。信贷资金的供应方要集合抱团，即资金供应方除政府专项资金外，要集合社会其他资金来源抱团组建信托资金；科技型中小企业也要集合抱团，从数量、信用、需求、定价到支付收益等都可以尝试集合抱团；冠名要集合抱团；担保也要集合抱团。

（4）高效低费机制。要建立减少发行环节、节省中介费用、缩短操作时限的机制，对科技型中小企业的集合信托要减少政府监管和审批，审计从宽或者从免，信用评级按照特殊的指标体系或者免于评级。参与各方都要本着支持科技型中小企业发展的社会责任感设置优惠费率，政府专项资金的收益应全部通过各种方式贴补回各个信托参与方。

参考文献

1. 金雪军,陈杭生,等.从桥隧模式到路衢模式[M].杭州:浙江大学出版社,2009.
2. 国家开发银行·中国人民大学联合课题组.开发性金融经典案例[M].北京:中国人民大学出版社,2007.
3. 贾康.政策性金融改革与浙江民间资本对接[J].南开经济研究,2011(2):12—17.
4. 郁俊莉,张晓.中小企业融资中的信用能力建设机制研究[J].武汉理工大学学报(社会与科学版),2013(4):887—892.
5. 郁俊莉.我国高新区研发转化的模式与实施策略研究[J].科技进步与对策,2013(1):64—68.
6. 郁俊莉.中小企业信用资本形成机制及对融资支持的研究[J].中南财经政法大学学报,2009(5):121—126.
7. 张秋.中小企业集群的融资优势和障碍分析[J].技术经济与管理研究,2010(5):140—143.
8. 邓廷铎.开发性金融支持中小企业的理论和实践[J].社会主义论坛,2007(2):9—11.
9. 国家开发银行·中国人民大学联合课题组.开发性金融论纲[M].北京:中国人民大学出版社,2006.
10. 徐力.中小企业融资现状与社会信用体系构建取向[J].现代金融,2013(12):13—14.
11. 耿建芳,杨宜.地方政府区域中小企业信用担保体系创新作用[J].浙江金融,2008(7):21—22.
12. 林汉川,夏敏仁.企业信用评级理论与实务[M].北京:对外经济贸易大学出版社,2003.
13. 贾有姣.社会信用体系建设的问题与对策探讨[J].征信,2010(8):21—23.
14. 李琪,彭丽芳.现代服务业中电子商务发展战略研究[M].北京:科学出版社,2011.

15. 束兰根,原二军.以体制机制创新构建科技金融服务新体系[J].金融纵横,2012(6):2.
16. 何帆,徐奇渊,徐秀军.开发性金融在推动周边金融合作中的战略选择:中国与东南亚国家双边的视角[J].中国市场,2011(16):3.
17. 徐桂华.开发性金融支持与中小企业融资[J].江苏商论,2011(12):152—154.
18. 李新功.银行信用下企业技术创新市场化运行特点,机制和途径[J].征信,2011(1):80—83.
19. 王文艺,徐兴明,吴宏志,等.创新融资担保模式 建立中小企业信用体—绵阳市农信社通过"代言人"打市场"封闭针"[J].金融博览,2011(1):31.
20. 徐学锋.刍议供应链金融的信用管理体系建设[J].征信,2010,28(2):24—26.
21. 蔡洋萍.我国中小企业信用体系建设模式创新探析—以湖南长沙国家生物产业基地为例[J].科学与管理,2013,33(1):8—12.
22. [日]青木昌彦,奥野正宽,冈崎哲二.市场的作用、国家的作用[M].北京:中国发展出版社,2002.
23. 郝国胜.赶超型国家金融制度比较[M].北京:中国金融出版社,1994.
24. 李忠元.深化改革:政策性银行的必然选择[J].国际经济合作,2004(2):52—55.
25. 刘学平.基于创新金融政策破解中小企业融资难的研究[J].中国集体经济,2011(33):62.
26. 陈元.改革的十年、发展的十年—开发性金融理论与实践的思考[J].求是,2004(13):40—42.
27. 孙海梅.中国创新型中小企业发展的金融支持问题研究[D].吉林大学,2011.
28. 国务院发展研究中心调研报告.开发性金融支持中小企业发展国际经验比较[C],2005(12).
29. 国家发展改革委员会"社会信用体系建设"书组.中国社会信用体系建设—理论、实践、政策、借鉴[C].北京:机械工业出版社,2006.
30. 刘战伟.我国小额贷款公司的经营现状、问题及对策研究.西部经济管理论坛(原四川经济管理学院学报),2013(4).
31. 王琦.小额信贷以及担保联动服务"三农"的实效性研究[J].知识经济,2013(22):76—77.

32. 马时雍. 商业银行小微企业信贷研究[M]. 北京:中国金融出版社, 2013.
33. 杨再平, 闫冰竹, 严晓燕. 破解小微企业融资难最佳实践导论[M]. 北京:中国金融出版社, 2012.
34. 银企互联教育机构, 中国企业金融研究院. 中小企业融资实训教程[M]. 北京:中国金融出版社, 2013.
35. 梁雪春. 小企业信用风险及其定价分析[M]. 北京:化学工业出版社, 2012.
36. 抚州银监分局. 银行业中小企业融资产品成功案例汇编[M]. 北京:中国金融出版社, 2011.
37. 管晓永, 孙伯灿. 中小企业信用理论与评价研究[M]. 杭州:浙江大学出版社, 2006.
38. 刘红霞, 王晨. 信用管理概论[M]. 北京:北京大学出版社, 2012.
39. 许文, 朱天星, 徐明圣. 商业银行信用风险评级理论及相关模型研究[M]. 北京:中国金融出版社, 2011.
40. 吴瑕, 千玉锦. 中小企业融资案例与实务指引[M]. 北京:机械工业出版社, 2011.
41. 薛永基. 科技创业型企业融资的治理效应研究[M]. 北京:中国林业出版社, 2012.
42. 李志辉, 黎维彬. 中国开发性金融理论、政策与实践[M]. 北京:中国金融出版社, 2010.
43. 黎璞, 中小企业融资创新[M]. 长沙:湖南人民出版社, 2013.
44. 林毅夫, 李永军. 中小金融机构发展与中小企业融资[J], 经济研究, 2001(1):10—18.
45. 蔡晓阳. 金融综合改革视角下的小微企业信用体系建设[J]. 金融与经济, 2012(8):56—58.
46. 陈庆林. 浅议中国社会信用体系建设[J]. 经济研究导刊, 2013(24):152—153.
47. 周慧虹. 阿里贷:一只金融创新的"蝴蝶"——兼谈小微信贷创新的双重效应[J]. 金融博览, 2012(21):55.
48. 袁新峰, 赵强, 武逸. "1+2+3"中小企业信用体系建设助力首都中小企业融资发展[J]. 征信, 2012(2):60—62.
49. 林毅夫. 建立信用体系解决中小企业融资难[J]. 世界商业评论, 2008(12):25—28.
50. 吴晓求. 中国构建国际金融中心的路径探讨[J]. 金融研究, 2010(8):

199—206.

51. 刘颖. 关于中小企业融资问题的探讨[J]. 武汉大学学报(社会科学版), 2010(3):30—32.

52. 李兴伟. 中关村科技金融创新的举措、问题及对策[J]. 证券市场导报, 2011(1):10.

53. 李德. 新中国金融事业的开创与发展[J]. 中国金融, 2012(22):66—69.

54. 岑剑国. 创新区域金融体系建设[J]. 浙江经济, 2013(24):52.

55. 李诗洋. 信用首善之区：独特的中关村信用建设模式[J]. 国际融资, 2013(12):19—22.

56. 余振, 李春芝, 吴莹. 武汉战略性新兴产业发展的金融支持：基于共同集聚视角的分析[J]. 武汉大学学报(哲学社会科学版), 2012, 65(6):107—111.

57. 高新. 我国社会信用体系建设及信用评级机构发展现状的分析与思考[J]. 科技创新导报, 2012(20):245.

58. 宋慧宇. 论政府在城市信用体系建设中的作用[J]. 长春工业大学学报(社会科学版), 2013, 25(4):1—3.

59. 杨柳, 钟翔宇. 加快金融业统一征信平台建设的相关建议——基于融资融券业务客户的分析[J]. 上海金融, 2013(1):102—104.

60. 倪伟俊. 网络银行：新传统银行的发展模式[J]. 杭州科技, 2011(2):46—48.

61. 赵岳, 谭之博. 电子商务, 银行信贷与中小企业融资[J]. 经济研究, 2012(7):99—101.

62. 陈思, 鲍群芳, 李胜宏. 联贷联保信用风险集中度定量分析[J]. 高校应用数学学报, 2012, 27(1):12—22.

63. Berger, Allen N., and Klaus Schaeck. Small and Medium-Sized Enterprises, Bank Relationship Strength, and the Use of Venture Capital[J], Journal of Money, Credit and Banking 43. 2—3 (2011): 461—490.

64. Jenkins, Hatice. The New Paradigm in Small and Medium-Sized Enterprise Finance: Evidence from Turkish Banks[J], Iktisat Isletme ve Finans 29. 335 (2014): 45—72.

65. Chavis, Larry W., Leora F. Klapper, and Inessa Love. The Impact of the Business Environment on Young Firm Financing[J], The World Bank Economic Review 25. 3 (2011): 486—507.

66. Saridakis, George, Kevin Mole, and Graham Hay. Liquidity Constraints in the First Year of Trading and Firm Performance[J], International Small Business Journal 31. 5 (2013): 520—535.

67. Wiesner, Robert. Determinants of Weather Derivatives Usage in the Austrian Winter Tourism Industry[J], Tourism Management 32. 1 (2011): 62—68.

68. Tornell, Aaron, Financial Liberalization, Bailout Guarantees and Growth[C], NBER Working Paper, September 2006.

69. Chua, Jess H., et al. Family Involvement and New Venture Debt Financing [J], Journal of Business Venturing 26. 4 (2011): 472—488.

70. Scellato, Giuseppe, and Elisa Ughetto. The Basel II Reform and the Provision of Finance for R & D Activities in SMEs: An Analysis of a Sample of Italian Companies[J], International Small Business Journal 28. 1 (2010): 65—89.

71. Minetti, Raoul, and Susan Chun Zhu. Credit Constraints and Firm Export: Microeconomic Evidence from Italy[J], Journal of International Economics 83. 2 (2011): 109—125.

72. Irwin, David, and Jonathan M. Scott. Barriers Faced by SMEs in Raising Bank Finance[J], International Journal of Entrepreneurial Behaviour & Research 16. 3 (2010): 245—259.

73. Han, Liang, et al. The Use and Impacts of Bank Support on UK Small and Medium-Sized Enterprises[J], International Small Business Journal 32. 1 (2014): 61—80.

74. Abdulsaleh, Abdulaziz M., and Andrew C. Worthington. Small and Medium-Sized Enterprises Financing: A Review of Literature[J], International Journal of Business & Management 8. 14 (2013).

75. Li, Shi-hua, De-xiang Zhou, and Wei Zhang. The Research on Financing Channels of Industrial Enterprises Taking the Development of Industrial Economic of Jiangsu Province for Example[J], 2013 the International Conference on Education Technology and Information System (ICETIS 2013). Atlantis Press, 2013.

76. Wang, Ting Rui, Qiang Gao Lan, and Yong Ze Chu. Supply Chain Financing Model: Based on China's Agricultural Products Supply Chain[J], Applied Mechanics and Materials 380 (2013): 4417—4421.

后 记

本书是在作者 2010 年主持的教育部课题"科技型中小企业融资中开发性金融信用体系建设理论与实践研究"的基础上,结合最近几年学术界对科技型中小企业融资的理论探讨,以及政府、金融机构开展的科技型中小微企业融资实践,对开发性金融支持科技型中小企业的模式做了延伸和创新设计,提出了更有效支持科技型中小企业融资的开发型融资模式。

本书结稿时,适值国家决定加大开办民营银行的力度,这对我国中小企业尤其是科技型中小企业是一个好消息。目前,民营银行主要以服务中小企业为主,凭借灵活的机制和地域的优势,在信贷模式尤其是对中小企业信用评价理念、指标体系以及信用资本应用上,肯定会有突破性的创新。希望本书的研究成果对它们的信贷创新实践能有一定的启示和借鉴意义。

本书得以出版首先要感谢北京大学出版社的大力支持,因为在读者面相对较窄而销售量可能不大的前提下北京大学出版社仍决定出版,周玮编辑作为责任编辑的敬业精神让我非常感动,并在此表示衷心感谢。其次,我要感谢我的恩师北京大学王其文教授,他通读书稿并对修改和定稿都予以悉心指导,对本书最终完稿起了重要作用。再次,我要感谢本书参考的国家开发银行和中国人民大学联合课题组编著的《开发性金融经典案例》,李志辉、黎维彬著的《中国开发性金融理论、政策与实践》,马时雍先生主编的《商业银行小微企业信贷研究》,银企互联教育机构和中国企业金融研究院编写的《中小企业融资实训教程》,黎璞先生著的《中小企业融资创新》,杨再平、闫冰竹、严晓燕著的《破解小微企业融资难最佳实践导论》,吴瑕、千玉锦编著的《中小企业融资案例与实务指引》,管晓勇、孙伯灿著的《中小企业信用理论与评价研究》等著作提供的重要理论启示和诸多实践案例。最后,我要感谢我的家人对我的支持、理解与无私奉献,在本书艰辛的写作过程中,是他们的爱支持我克服了一个又一个困难。

郁俊莉

2014 年 1 月于燕园